AF357476

ISABELLE EBERHARDT

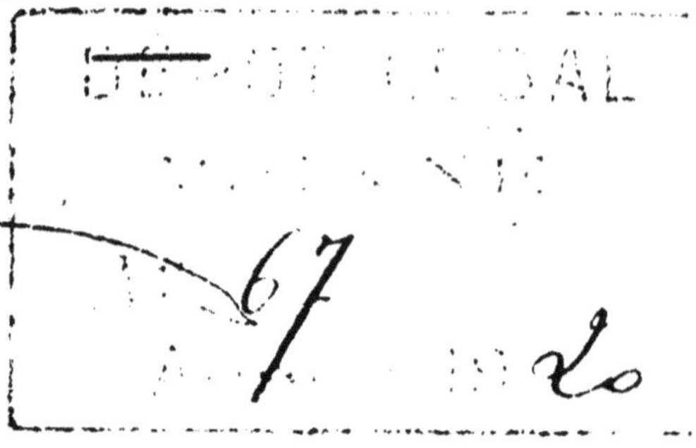

Pages d'Islam

publiées avec une préface et des notes

PAR

VICTOR BARRUCAND

Eugène FASQUELLE, Éditeur

PARIS

PAGES D'ISLAM

ISABELLE EBERHARDT

Pages d'Islam

Publiées avec une préface et des notes

PAR

VICTOR BARRUCAND

———— ✕ ————

PARIS

Librairie CHARPENTIER ET FASQUELLE

EUGÈNE FASQUELLE, ÉDITEUR

II, RUE DE GRENELLE, II

1920

PRÉFACE

Jusqu'ici l'ensemble des nouvelles qu'Isabelle Eberhardt éparpilla dans la presse algérienne, de 1902 à 1904, ne se présentait sur un seul tableau que dans les collections de l'*Akhbar* et dans le brochage à part que nous en avions donné en 1906 avec un indice éditorial et deux portraits hors texte de l'auteur (1).

Après avoir servi de notre mieux la mémoire de notre affectionnée collaboratrice en terminant, suivant son vœu, ses œuvres inachevées et en assurant le choix et la publication de ses notes, nous répondons, dès que les circonstances le permettent, à un désir depuis longtemps exprimé par ses admirateurs et ses amis en classant sous la forme du livre le recueil des nouvelles qu'elle fit paraître de son vivant, et nous les complétons de pages inédites tirées des papiers qu'elle nous laissa.

(1) Voir l'*Akhbar* du 10 juin 1906 : indice bibliographique.

✗ Il y a dans ces nouvelles l'initiation à un monde africain qui pourrait être celui des contes merveilleux si on ne savait qu'il est aussi celui de la souffrance.

L'âme russe d'Isabelle Eberhardt était bien préparée à comprendre l'Islam et à l'enseigner par la sympathie. Avec elle nous dépassons le stage de l'exotisme, nous en avons fini avec les étonnements évasifs. ✗

Connaître une terre par sa lumière, son histoire et son commerce, c'est encore trop peu, et nous n'en rapporterions qu'une illumination fugitive et un malaise, si la raison secrète de ses habitants devait nous échapper.

Après des exaltations et des fatigues, le pèlerin éprouvera le désenchantement du voyage et souffrira de n'être qu'un étranger chez des peuples qui, même vaincus, se font défendre par leurs morts, comme dans ces étranges cités du Moghreb où l'on n'arrive qu'en traversant des cimetières immenses. Scrupuleux, il en viendrait à s'adresser des questions troublantes sans y savoir bien répondre. Voici donc des choses nécessaires et qui ne sont pas dans les guides : un léger bagage sentimental assez lourd à porter et dont les désœuvrés à la course feront bien de ne pas s'embarrasser.

Avec ses façades crevées, ses casbah ruinées, ses portes de gloire où ne passe plus que le vent, ses masses décoratives qui s'évanouissent à l'approche comme un mirage, l'Islam présente cependant des perspectives durables, celles de ses mœurs et de sa foi.

Drapés de blanches laines ou sculptés sous le haillon, les musulmans conservent une morale et une dignité que les injures et les dénigrements ne peuvent amoindrir.

Il faudrait inculquer cette idée à tous ceux qui se flattent de lier partie avec eux, et tout d'abord aux diplomates et aux courtiers de notre civilisation.

Ils ne pensent pas comme nous : voilà toute leur faute. Ils nous ont devancés mais ils ne nous ont pas suivis dans les voies de la science et du machinisme : voilà leur plus grand tort et celui que les nations affairées ne sauraient pardonner. Nous avons décidé que le monde entier serait chargé d'usines plus abondantes que les temples anciens et que la fumée des hauts fourneaux monterait sur le désert comme la flamme du buisson où parlait l'Eternel : ils ont compris trop tard, une interprétation biblique qui nous réserve encore bien des surprises. Maintenant il leur resterait sans doute à nous faire observer qu'à toutes ces églises de la matière ardente il faudra beaucoup de fidèles et que bientôt les fidèles pourraient dicter la loi aux prêtres. Cette critique seconde ne les intéresse pas. Ils laissent faire. Hommes d'un autre âge, déistes sans idolâtrie, l'esprit de nouveauté leur a manqué;

en possession de la sagesse et de la puissance, un jour ils se sont arrêtés, et depuis lors, au cours de la vie, ils se succèdent de générations en générations, sans rien changer à leurs rythmes essentiels. Leur immobilité nous surprend comme si nous avions toujours bougé ; pourtant ce qui nous reste d'intelligence religieuse, une certaine poésie de la conscience s'émeut d'un souvenir avec les derniers bons croyants, et nous ne voyons pas s'éloigner sans regret ces porteurs de la noblesse pastorale, ces négociateurs adroits et ces marchands polis qui disparaîtront avec la jeunesse de la terre.

Notre attention les suit. Elle est acquise également à tous ceux qui sont allés à ces vaillants et rudes peuples au repos, qui y sont allés en toute sincérité sans idées préconçues et sans calculs de lucre ; et ceux-là nous persuadent autrement que les étourdis rabâcheurs de progrès qui s'étonnent du retard des bergers sur l'horaire des trains.

Cependant des perspectives nouvelles sont annoncées. Les Arabes ne sont pas tous des chameliers ou des conducteurs de moutons, les Kabyles ne sont pas tous des « troncs de figuiers »; le nombre de leurs lettrés, de leurs diplômés, de leurs docteurs ne cesse d'augmenter. Une fois de plus se vérifie le fait dont nous avons donné un grand exemple historique qu'entre le taleb et le savant il n'y a qu'une différence de méthode.

La méthode expérimentale dont tout studieux peut se servir, nous l'avons apportée aux Arabes, mais ce ne fut que l'intérêt composé du trésor de science réelle dont ils furent autrefois les apôtres dans le monde, quand nos grandes écoles et nos Sorbonnes étaient encore ce qu'est toujours la Karaouïyne de Fez avec son peuple d'étudiants rituels, moins turbulents à l'ordinaire que les nôtres, mais tout aussi fous le jour de leur fête.

Il peut donc y avoir transfusion des valeurs et des connaissances et nous n'en sommes plus à nous demander si les Arabes et les Berbères sont susceptibles d'instruction.

Cette année même, un jeune professeur arabe originaire d'Orléansville, M. B..., fut reçu brillamment au concours d'agrégation ès sciences physiques. Il continue à professer à Paris, mais pourrait être titularisé en chaire d'Alger. Il distribuerait alors l'enseignement supérieur aux fils des colons ; cependant les ignorants ne cesseraient pas pour cela de le traiter de « bicot », et il se trouverait bien quelques experts politiques pour démontrer à notre universitaire qu'avant de prétendre au bulletin de vote, accordé de droit au balayeur de sa classe, il doit modifier sa « mentalité ». — On a toujours beaucoup parlé de la mentalité indigène, quand on voulait accréditer l'injustice et l'exception, et l'on n'a pas vu qu'on appelait du même coup l'attention sur une certaine mentalité locale qui devra s'améliorer dans l'intérêt même de la colonie.

L'acceptation franche de l'indigène musulman — que nous savions bien rencontrer en Afrique — présente encore un autre avantage : elle hâte notre retour à la bonne santé coloniale, nous libère des préjugés originels, ramène l'ordre et le calme dans la conscience, si jamais la conscience moderne avait pu être troublée par les scrupules et les responsabilités de la conquête.

Forcément nous avons eu des torts envers des occupants qui ne nous appelaient pas, quand nous avons disposé à notre gré de leur pays, en vue d'une fin mystérieuse même pour nous à l'origine, et qui, de toute façon, ne pouvait pas paraître immédiatement juste et désirable à ceux dont nous prenions la place. Ces torts, nous les réparons en partie par une culture plus intense, mais nous ne serons vraiment en paix avec nous-mêmes que du jour où la sympathie remplacera l'antipathie. Il serait donc à souhaiter qu'on s'habituât le plus tôt possible à respecter l'indigène, à reconnaître la bienfaisance de sa collaboration, à vouloir loyalement l'association de ses intérêts et des nôtres, sans poser à ce marché avantageux pour nous des conditions inacceptables pour l'autre partie, sans prétendre à changer le cœur du musulman, non plus qu'à régenter ou suspecter toutes ses aspirations. Et c'est en ce sens que l'œuvre d'éducation coloniale serait la plus belle de toutes, si elle était réciproque. — D'un point de vue qui n'est pas étranger à la civilisation, nous avons nous-mêmes beaucoup à apprendre des musulmans, mais cela, nous ne le savons pas encore.

Isabelle Eberhardt va plus loin, trop loin sans doute ; elle renverse la proposition quand elle suggère que l'assimilation pourrait se faire à rebours et géographiquement.

C'est une remarque historique non sans valeur que les vainqueurs risquent d'être absorbés par les vaincus. La terre d'Afrique ne s'est jamais laissé prendre tout à fait ; son action puissante est de tous les instants ; elle ne renoncera pas à transformer les êtres et les choses, à les vivifier de sa lumière propre ; elle a déjà défait beaucoup d'Europes et d'Asies, desséché des courants de pensée, épuisé des legs qu'on croyait plus riches ; les pierres romaines de Timgad ou de Volubilis ne parlent plus qu'une langue morte à côté du gourbi où le dialecte berbère s'est transmis sans écriture. Cependant il est remarquable que les exemples dont on peut illustrer cette thèse sont ordinairement pris aux deux extrémités de l'échelle sociale. Les artistes et les simples sont attirés par l'Islam. Isabelle

Eberhardt portait le burnous; Dinet vit à Bou-Saâda avec les Arabes. La moyenne se défend plus jalousement. Elle se défend même trop quand elle attaque sans motif, elle exagère le culte des ancêtres quand elle s'obstine à porter en Afrique la flèche de ses clochers et le pignon de ses toitures. Au surplus, toutes les femmes assimilées, qu'elles viennent de Laghouat, de Malte ou de Carthagène, veulent suivre la mode, et nous avons connu des magistrats et des fonctionnaires évidemment très distingués qui auraient cru trahir le prestige de leur patrie en renonçant au chapeau de forme.

Nous aimons mieux penser que l'évolution sera double : l'esprit ne renoncera pas à la conquête, mais il ira plus loin que la violence ; il pénétrera les intelligences, et les adaptations harmonieuses seront l'œuvre du temps. Nous finirons bien par nous comprendre, par nous habituer à vivre les uns avec les autres sous un même soleil, et nous ne rougirons pas plus de nos collaborateurs musulmans que de nos vieux parents qui allaient à la messe et s'abstenaient à vigile.

Il y avait beaucoup d'Algéries à observer. Isabelle Eberhardt ne voulut voir que des natifs où Louis Bertrand, par exemple, ne rencontra que des Latins et des émigrés de Valence.

L'opposition des intérêts particuliers, l'antagonisme et le dénigrement réciproque des races, leur incompréhension mutuelle, ont été trop longtemps de règle africaine, et personne ou presque n'avait souci d'accorder ces contrastes. Aussi bien, les oppositions passionnées auraient-elles pu continuer longtemps sous le couvert du libéralisme métropolitain, car il se trouvait toujours un mot dans les ordres du jour et les proclamations de principes pour prêter à l'équivoque.

Et pourtant, peu à peu, la nécessité des réformes se fait jour sous les sophismes. Les Délégations ont même fini par voter l'égalité fiscale. L'Algérie évolue. Elle a reconnu, sans bonne grâce, qu'elle ne pouvait pas s'isoler dans ses privilèges. Il est également à prévoir qu'elle ne voudra pas se maintenir indéfiniment à l'état d'exception coloniale en faisant figure de trois départements français où cinq millions d'indigènes restent sans voix suffisante.

Ce sont là des contradictions qui devraient céder au bon sens. Il nous faudra insister encore pour qu'elles cessent.

Mais il convient surtout de faire remarquer, en donnant à cette remarque toute son importance, qu'au moment même où les conseils de la colonie accentuent leurs prétentions à « l'autonomie sans les indigènes », une magnifique renaissance musulmane s'affirme au Maroc, suscitée et soutenue dans l'empire chérifien par la haute pensée politique du général Lyautey.

On ne saurait, d'autre part, faire abstraction de la Tunisie, qui n'a pas cessé, habilement conduite et protégée, d'être une terre de douceur et de savoir-vivre oriental, et il apparaît, dès le début de la relève des troupes anglaises, que nos vues sur la Syrie ne sauraient être dispensées d'égards pour la grande masse d'une population fidèle à ses traditions.

Entre toutes les parties de notre empire musulman rivalisant avec l'Islam anglais, il y aura donc échange d'idées, émulation et consolidation de doctrines. Finalement c'est encore la libre disposition des peuples organisés et bien associés qui l'emportera, car nous ne pouvons pas avoir la prétention de poursuivre une politique de peuplement mondial, alors que nous avons tant de ruines à réparer chez nous, tant de vides à combler.

Les musulmans ne s'effaceront pas sous notre égide, mais il dépend de nous, pour une part souveraine, que le régime de leurs franchises soit promptement défini et compartimenté.

Au centre de toute notre politique musulmane qui, pour être bonne, ne doit jamais s'exercer contre l'Islam, les indigènes algériens, trop longtemps tenus pour quantité négligeable, réclament respectueusement mais avec insis-

tance une charte digne de nous. Elle ne leur sera
pas indéfiniment refusée : déjà M. Jonnart,
dont le nom restera attaché à l'Algérie nouvelle,
a pu leur en offrir les prémices.

Nous n'avions pas cessé de réclamer depuis
vingt ans les réformes que nous voyons poindre.
Isabelle Eberhardt s'était associée courageusement à notre action, ce qui lui valut quelques haines et persécutions supplémentaires.
Nous avons vécu des heures difficiles et pénibles
quand seule notre double voix de raison con-
trastait avec la suffisance des uns et le mutisme
obstiné des autres.

Mais l'horizon s'est éclairci. Le sang du sa-
crifice à nos autels devait apaiser les dieux de
la conquête. Instruits à l'école du malheur,
les indigènes musulmans vivront mieux demain,
car le défrichement qu'ils ont accompli sous nos
ordres a créé un nouveau pays, une nouvelle
terre qui doit devenir plus douce à tous ceux
qui l'habiteront.

Isabelle Eberhardt était naturellement portée à croire, qu' « il n'y a rien à faire »; cependant notre effort n'aura pas été stérile. Il allait
susciter d'autres volontés, attirer d'autres forces
et déterminer ou précéder les plus hautes inter-
ventions. L'inscription au grand livre de la dette
morale du service militaire des indigènes
devait intervenir enfin : l'impôt du sang fut

assez lourd pour faire pencher la balance en faveur d'une déclaration de libéralisme qu'on ne pouvait pas retarder plus longtemps. Maintenant des millions d'êtres oubliés, sacrifiés, mal représentés dans les conseils de la colonie et récompensés par procuration jouiront d'une considération réelle ; ils commenceront à expérimenter quelques timides libertés qui en appelleront d'autres. Nous avons voulu cela. Que la disparue ne soit pas oubliée à l'honneur du bon combat !

Nous ne pouvions pas esquiver ces explications. Elles tiennent étroitement à la matière du livre qui va suivre. Négliger des pensées qui furent les nôtres en tête d'un recueil de nouvelles où les mêmes préoccupations se retrouvent sous une forme plus touchante serait vouloir ignorer les conditions de leur style. Ces pages d'Islam si émouvantes n'ont pas été écrites pour les cénacles. Elles furent conçues dans l'action et parurent dans les journaux.

Isabelle Eberhardt servait ses frères en les faisant connaître, en les plaçant dans le domaine de la sensibilité, au-dessus des luttes électorales où ils n'avaient pas de part. En même temps elle échappait elle-même, par la magie de la pensée, aux gênes matérielles d'un monde qui pouvait difficilement l'accepter sans se contredire.

On excusera de ces motifs quelques critiques

un peu vives sous sa plume de femme, quelques indignations trop apparentes. L'ambition de progrès et d'adoucissements qui animait Isabelle Eberhardt était noble et généreuse. On l'a reconnu depuis.

Avec le roman saharien que nous intitulions *Dans l'Ombre chaude de l'Islam* nous composions la légende héroïque d'Isabelle Eberhardt au lendemain de sa mort, mais en la situant dans ses paysages nous ne lui prêtions que les réflexions de son caractère. A ce moment, nous nous rapprochions le plus possible de sa sensibilité européenne, et c'est pourquoi il y a dans ce livre posthume et quelque peu romanesque des nuances ajoutées qu'on ne retrouvera pas dans des nouvelles plus objectives où l'auteur n'entrait guère que pour les écrire.

Isabelle Eberhardt était à nos yeux le plus intéressant de ses personnages, mais il ne lui appartenait pas de le dire elle-même et il ne lui convenait guère de se confesser en public.

Le besoin de partir et d'errer, de se sentir « seule, puissante et malheureuse », existait cependant chez elle d'une façon constitutive, en dehors des expressions que nous en avons données. Il suffirait d'en tenir pour preuve, avec toute sa vie, les notes que nous joignons aujourd'hui à ses nouvelles. Après notre commentaire politique, elles en sont la justification romantique.

Isabelle Eberhardt était appelée, elle allait vers sa destinée, et c'est ce qui donne tant de force tragique à son histoire, à sa légende. Elle savait qu'elle risquait la vie dans ses aventures et dans l'entraînement du voyage. Elle ne désirait pas finir autrement. Vieillie, elle eût regretté les orages, « les sourires et les colères des océans éternels ». Byron et Chateaubriand sont un peu responsables de son cas.

Son fatalisme, en effet, n'était pas seulement musulman. Nous le retrouvons, dans son goût du naufrage et du chavirement. Pour le vrai nomade, le mouvement est une bénédiction ; pour cette jeune Russe un départ se compliquait d'une aimantation vers l'inconnu et le grand mystère : la route était à ses yeux la rivale de l'amour, et la naïveté, la violence qu'elle apporte dans l'aveu de ce sentiment, accusent encore sa sincérité.

Dans les repos de son inquiétude spirituelle, Isabelle Eberhardt connut la douceur de s'attarder aux haltes et aux campements, de s'oublier elle-même en décrivant avec soin ce qu'elle voyait.

Les nouvelles qu'elle adressait aux journaux fixent des impressions et dessinent en quelques traits des personnages assez nouveaux dans le domaine du roman quoique très anciens. Elle n'insiste pas sur les scènes. Elle évoque et elle passe. Elle ne prépare pas ses effets, elle ne les cherche pas. Son style fluide n'a que faire des facettes ; il se contente, comme chez la plupart des conteurs russes, de la profondeur du sentiment qui doit se manifester avec une certaine négligence pour qu'on ne doute pas de lui.

Le milieu qui s'offrait à son observation, dans le Tell et surtout à Alger, avait pourtant perdu une partie de son caractère. Elle s'est trouvée placée devant un Islam souffrant et en a souffert secrètement. Et c'est pourquoi elle ne s'est pas arrêtée sans regrets sur le seuil du Maroc fermé, car, derrière la hamada pierreuse, elle savait trouver un Islam moins touché et des villes mieux conservées dans leur poussière millénaire.

Elle en eut le pressentiment au départ de la zaouïya de Kenadsa, déjà si monacale, quand elle tourna à regret la tête de son cheval vers l'Oranie, après une courte hésitation et parce qu'il lui manquait cinq cents francs d'argent français pour aller au Tafilalet.

Modeste écolier de médersa, inaperçue dans les vieilles cités du Maroc, à Fez surtout, elle eût affronté discrètement une humanité religieuse et marchande mêlée aux saints et aux animaux ; elle eût respiré une autre fleur de farine, écouté d'autres battements d'ailes avec le bruit des conduites d'eau et des petits moulins domestiques dans les murs de terre fauve ; elle eût goûté surtout cette nonchalance du geste, cette politesse raffinée, cette science épuisée par des redites et cette ironie citadine qui font encore de Fez une capitale musulmane entre les villes du monde.

Chez les Berabers elle aurait su noter mieux que personne l'âpreté des mœurs, la rudesse des passions, l'ignorance des conditions universelles et cet individualisme du clan qui dépasse tout par son entêtement montagnard.

Elle eût croisé, à Rabat et à Salé, des ânons de charge, des tanneurs de cuir jaune, des porteurs d'outres luisantes, des femmes empaquetées jusqu'aux yeux, des enfants dansants, des négrillonnes bariolées, des crieurs de babouches et des lettrés de grande allure portant lunettes et, sous le bras, avec quelque manuscrit relié, le petit tapis de siège en feutre rouge qui est d'étude, de promenade et de prière.

Le mouvement de la rue marocaine n'aurait pas déçu sa curiosité si fraîche, mais je l'imagine, autrement que dans la fête des couleurs, en visite, un soir d'hiver et de pluie à Marrakech, après la traversée des places et des ruelles inondées, chez le vieux M'tougui ou quelque grand caïd de vague obédience chérifienne.

Elle est arrivée sous la recommandation de sa confrérie conduite par un « assès » silencieux dont la lanterne traîne sa lumière au ras du sol pour éclairer les flaques d'eau; le grand

seigneur berbère qui commande la route de
Mogador la recevrait toussant comme Louis XI,
roulé dans des couvertures, montrant à peine
son visage de vieux lapin et parlant sous un
cache-nez. La chambre serait longue et meu-
blée de tapis « chleuh ». Un poêle à pétrole y
fumerait à côté d'un brasero de cendres, et pendant que les gardes noirs, à long poignard
d'argent passé en bandoulière, prépareraient
le thé à la menthe dans un vrai samovar de
cuivre, elle reprendrait avec le féodal ses conversations de chameaux et de sacs d'orge in-
terrompues dans le Sud-Oranais, si loin
d'Europe, si près d'elle-même et de son nir-
vâna.

Isabelle Eberhardt aimait les scènes de ce
genre, les visions bien gravées, les sorties dans la
nuit dangereuse, l'arrivée à cheval dans le petit
cercle de feu d'un campement, ou l'entrée dans
le « bordj » d'un chef énigmatique parmi la
gens armée et les troupeaux, les longues salu-
tations psalmodiées et les palabres qui prêtent
à l'observation muette. Les fatigues de la terre
du Sud ne l'effrayaient pas.

Et tout cela, les officiers de nos avant-postes
oranais l'ont vécu avec elle ; cette poésie, ils
l'ont sentie comme elle ; ils sont allés au Maroc
sans elle, mais ils emportaient peut-être sans
le savoir un peu de sa pensée.

Il est en effet tout à fait digne d'attention

qu'Isabelle Eberhardt, avec l'équipe du général Lyautey, ait commencé à connaître et à pénétrer le Maroc par l'Algérie et qu'une éducation politique particulièrement difficile ait débuté par le contact avec les tribus les plus rudes. Bien instruite des nécessités, elle professait dès ce moment, avec toute une pléiade, les idées qui pouvaient être les plus utiles à l'avènement de notre protectorat et à son développement méthodique, et je veux inscrire ici en toute justice et sympathie, à côté de son nom, celui du regretté colonel Berriau, qui devait devenir chef du bureau politique au Maroc et qui n'était alors que chef de poste à Beni-Ounif. Les conseils qu'elle accepta de cet intelligent officier, fidèle interprète du général Lyautey, ne devaient pas être sans portée. On peut donc dire que, sans avoir débarqué à Casablanca, elle fut au début de la conquête, car le Maroc ne serait pas devenu ce qu'il est sans l'école d'Aïn-Sefra. Et c'est justement à Aïn-Sefra qu'elle repose, comme pour consacrer l'importance de cette pauvre petite ville dans l'histoire de l'Afrique du Nord.

Notées sur une assise plus modeste et sans autre horizon que la succession des misères quotidiennes, les études telliennes d'Isabelle Eberhardt, écrites à Ténès, ont cependant beaucoup de caractère et se recommandent par les meilleures qualités d'observation et d'exactitude.

Quand elle indique un village, une tribu, un détail de route, une perspective, on peut être certain que tout est en place. D'ailleurs personne n'avait vécu comme elle chez les paysans de cette côte.

Il est encore très significatif que dans la sordide et magnifique Casbah d'Alger, son port d'attache, une certaine sorcellerie maugrebine l'ait attirée.

Elle aimait ces échappées d'eaux-fortes, ce demi-jour des intelligences, ces tâtonnements dans l'instinc et dans l'intuition. Au sortir de cette « obscurité », elle n'a voulu voir que la terre des fellah et des pasteurs.

Son intelligence éveillée n'a pas méprisé l'ignorance qui recèle des trésors de sensibilité ; elle n'a pas médit de la paresse quand elle laisse une marge de rêve et de jouissance aux déshérités. Comment n'eût-elle pas été suspecte à ceux qui veulent faire du travail la seule loi du monde ?

Cherchons-la, dans son innocence vagabonde, plus nombreuse et plus simple que je n'ai su la peindre.

Figure à jamais disparue, elle s'est assise sur la natte comme un fumeur de kif ; elle a suivi pas à pas le « khammès » dans son labeur ingrat ; dans les cantines du Sud, à l'enseigne de « La Mère du Soldat », par les soirs de « fièvre tafiatique » elle a respiré non seulement la tabagie sombre et les relents du concert mais la nostalgie des « heimatlohs. »

Et pourtant, quand elle croit s'attacher passionnément, entièrement, aux choses du bled, une ancienne romance pleure au loin, et dans ces courts moments de faiblesse et de déroute sa profonde pensée d'exil s'exprime par les mots les plus usuels et les naïves couleurs de l'imagerie sentimentale.

Alors, sous le manteau bédouin dont elle s'enveloppe, on retrouve la jeune slave élevée à Genève par un vieil ami de Tolstoï et de Herzen, ce doux et farouche Alexandre Trophimowsky, son tuteur et son père, quelquefois philosophe et souvent jardinier qui, dans les terres rapportées de la « Villa Neuve », s'essayait patiemment à la libre culture des palmiers et des plantes tropicales sur les bords du Léman. — Et cette jeune fille du lac n'est pas moins vraie que l'amazone des sables.

Victor Barrucand.

OBSCURITÉ

LE MAGE

Pour arriver chez moi, il fallait monter des rues et des rues mauresques, tortueuses, coupées de couloirs sombres sous la forêt des porte-à-faux moisis.

Devant les boutiques inégales, on côtoyait des tas de légumes aux couleurs tendres, des mannes d'oranges éclatantes, de pâles citrons et de tomates sanglantes. On passait dans la senteur des guirlandes légères de fleurs d'oranger ou de jasmin d'Arabie lavé de rose avec, au bout, des petits bouquets de fleurs rouges.

Il y avait des cafés maures avec des pots de romarin et des poissons rouges flottant dans des bocaux ronds sous des lanternes en papier, des gargoulettes où trempaient des bottes de lentisque.

A côté, c'étaient des gargotes saures avec des salades humides et des olives luisantes, des étalages de confiseurs arabes avec des sucres d'orge et des pâtisseries poivrées, des fumeries de kif où on jouait du flageolet.

On frôlait des mauresques en pantalons lâches et en foulards gorge-de-pigeon ou vert Nil, des Espagnoles avec des roses de papier piquées dans leurs crinières noires.

On pouvait acheter de tout, on entendait tous les langages, tous les cris de la vie méditerranéenne, bruyante, toute en dehors, mêlée aux réticences et aux chuchotements de la vie maure.

Enfin, au fond d'une impasse, par une porte branlante, on entrait dans un patio frais, plein d'une ombre séculaire.

Un escalier de faïence usée, une autre porte: on était sur ma terrasse, étroite, dallée en damier noir et blanc, qui dominait toutes les terrasses et toutes les cours d'Alger, dévalant doucement vers le miroir moiré du port, où les grands navires à l'ancre me parlaient de voyages lointains, en cette fin d'été sereine.

Ma chambre était petite, voûtée, peinte en bleu pâle, avec des niches dans les murailles, et les solives du plafond s'assemblaient avec un art suranné, peintes en brun sombre.

Là, les bruits n'arrivaient qu'atténués, vagues, et rien n'indiquait le cours du temps, sauf les rayons obliques du soleil qui cheminaient, à travers les heures somnolentes, sur les murs anonymes d'en face.

Il faisait bon, dans ce vieux réduit barbaresque, rêver et s'alanguir en de longues inactions, dans le désir d'anéantissement lent, sans secousses, d'une âme lasse.

Le soir surtout, un silence de cloître pesait sur mon logis où personne ne venait et où on ne parlait jamais.

Pourtant, j'avais un voisin, sur une autre terrasse, en contre-bas.

Il finit par m'intriguer : il rentrait très tard, jamais avant onze heures. Au bout d'un instant, un murmure montait de sa chambre, une sorte de psalmodie basse, qui durait parfois jusqu'au jour.

Un soir de lune, comme le sommeil ne venait pas, j'allai m'accouder au vieux parapet moussu.

Alors, mon regard plongea dans la chambre de mon voisin, par la croisée ouverte : une chambre banale d'hôtel meublé, avec des meubles impersonnels et trébuchants et des poussières anciennes sur des tapisseries fanées.

Au milieu, un homme d'une cinquantaine d'années, un Européen, était debout, le front ceint d'une bandelette blanche, avec, par-dessus une chemise empesée et une cravate, une sorte de long surplis noir portant sur la poitrine un grand zodiaque brodé en fils d'argent.

Devant l'homme, sur un trépied, dans un petit fourneau arabe en argile plein de braise, des épices et du benjoin se consumaient. A la lueur incertaine d'un mince cierge de cire jaune, une fumée bleuâtre montait, toute droite du réchaud, et sur un tabouret un livre était ouvert que le nécromant consultait parfois.

Puis il reprenait sa pose, les bras étendus au-dessus du brûle-parfums, psalmodiant des paroles hébraïques.

Peu à peu, son visage pâlit, ses yeux aux prunelles verdâtres s'élargirent et un tremblement le secoua tout entier.

Ses cheveux et sa barbe se hérissèrent, sa voix se fit saccadée et rauque.

Enfin, il tomba sur le vieux divan dont les ressorts grincèrent, et il resta là longtemps, longtemps les yeux clos.

... La petite fumée bleue devint plus ténue, s'évanouit. Le cierge jaune coula, s'éteignit.

L'homme en extase, en proie aux rêves inconnus, demeura immobile et muet dans les ténèbres chaudes.

*
* *

Le lendemain, je m'enquis de mon voisin. Je n'appris rien que de très banal : l'homme au zodiaque et aux incantations était d'origine allemande et exerçait la profession d'accordeur de piano.

C'est tout ce que j'ai jamais su de lui.

LE MOGHREBIN

Dans un quartier écarté de la Casbah, dans une impasse blanche et déserte, El Hadj Zoubir Et Tazi gîtait en une échoppe grande comme une armoire.

Une natte, un coussin en indienne à fleurs passées, une petite étagère chargée de vieux livres et de fioles, un coffre vert à coins de cuivre poli, un réchaud en terre, quelques humbles ustensiles de cuisine — c'était tout.

El Hadj Zoubir était vieux et bronzé, de constitution frêle, avec un fin profil d'oiseau, l'œil cave et expressif, sous d'épais sourcils grisonnants.

Il portait le costume de son pays, la *djellaba* de drap bleu et le petit turban blanc autour de la chéchiya rouge.

Calme, poli, accueillant, El Hadj Zoubir était à son ordinaire fort silencieux, avec des attitudes pensives et de longs regards scrutateurs.

Né dans la sombre Taza, capitale des Guébala pillards, il avait appris là-bas les sciences musulmanes et aussi un art qui se conserve depuis des siècles dans l'isolement farouche et l'obscurité marocaine : la sorcellerie.

A pied, avec des bandes de lettrés pillards et coupeurs de routes, il avait parcouru tout le Maroc, de Mélilla au Tafilalet, de Tétouan à Figuig, d'Oudjda à Mogador. Puis, à travers l'Algérie, la Tunisie et la Tripolitaine, il était allé étudier dans une inaccessible zaouïya de la Cyrénaique. Enfin, par l'Egypte où il avait écouté pieusement les docteurs d'El-Azhar, il avait gagné la Mecque, d'où il était revenu par la Syrie et Stamboul.

Quand le Marocain fut devenu mon ami, il aima me raconter, avec des images ingénieuses et des détails curieux, ces longues pérégrinations accomplies en mendiant au nom de Dieu, et qui avaient occupé trente années de sa vie.

Devant ses clients, gens de la ville, Mauresques aux gestes dolents, Arabes de l'intérieur, le Tazi prenait un air fermé et mystérieux.

On le consultait sur la bonne aventure, sur des amulettes pour conjurer ou jeter des sorts.

Et, souvent, le Tazi forçait mon admiration.

— Tiens, disait-il au client, prends ce calam

de roseau, invoque le nom de Dieu le Très Haut, appuie la pointe contre ton cœur et formule *en toi-même* le souhait qui t'amène.

Pendant ce temps, le sorcier fixait son regard ardent sur celui du client. Après, il reprenait la plume et, sur une planchette d'écolier arabe, il traçait en carré des lettres et des chiffres correspondant au nom du client et *de sa mère*. Puis, rapidement, il se livrait à un calcul inconnu dont il inscrivait le résultat au bas du carré, de façon à rétrécir les lignes dont la dernière n'avait plus qu'une seule lettre.

Alors, avec une aisance et une sérénité parfaite, sans jamais se tromper, il disait le souhait qui avait été formulé en silence. Puis, il supputait les chances de succès.

Pourtant, quand le calcul magique révélait des éventualités trop noires, le Tazi les atténuait, les enveloppant de paroles d'encouragement et d'espoir.

Une fois, quand une Mauresque sortit de l'échoppe, laissant une pièce blanche, le Tazi soupira.

— Voilà, Si Mahmoud, une femme qui est jeune et qui est belle. Elle vient me consulter sur l'issue de ses amours... Au lieu des étreintes rêvées, c'est le sang et le linceul qui l'attendent. La vie et la mort sont entre les mains de Dieu !

El Hadj Zoubir vivait ainsi seul, sans famille, sans autre logis que sa boutique et sans autre fortune que sa science millénaire.

Il était calme et serein, et ses jours s'écoulaient sans bruit et sans souci, comme un ruisseau de plaine, dans ce coin oublié d'Alger déchu.

*
* *

Après une longue absence, je suis montée à l'impasse blanche. J'ai trouvé la boutique fermée. Un vieux marchand de kif du voisinage m'a appris qu'au mois de *redjeb* de l'an dernier, El Hadj Zoubir Et Tazi s'est éteint doucement, au milieu de ses grimoires et de ses fioles.

LA MAIN

Une réminiscence, vieille déjà de quatre années, du Souf âpre et flamboyant, de la terre fanatique et splendide que j'aimais et qui a failli me garder pour toujours, en quelqu'une de ses nécropoles sans clôtures et sans tristesse.

C'était la nuit, au nord d'El-Oued, sur la route de Béhima.

Nous rentrions, un spahi et moi, d'une course à une zaouïya lointaine, et nous gardions le silence.

Oh ! ces nuits de lune sur le désert de sable, ces nuits incomparables de splendeur et de mystère !

Le chaos des dunes, les tombeaux, la silhouette du grand minaret blanc de Sidi Salem, dominant la ville, tout s'estompait, se fondait, prenait des aspects vaporeux et irréels.

Le désert où coulaient des lueurs roses, des lueurs glauques, des lueurs bleues, des reflets argentés, se peuplait de fantômes.

Aucun contour net et précis, aucune forme distincte, dans le scintillement immense du sable.

Les dunes lointaines semblaient des vapeurs amoncelées à l'horizon et les plus proches s'évanouissaient dans la clarté infinie d'en haut.

Nous passions sur un sentier étroit, au-dessus d'une petite vallée grise, semée de pierres dressées: le cimetière de Sidi-Abdallah.

Dans le sable sec et mouvant, nos chevaux las avançaient sans bruit.

Tout à coup, nous vîmes une forme noire qui descendait l'autre versant de la vallée, se dirigeant vers le cimetière.

C'était une femme, et elle était vêtue de la *mlahfa* sombre des Soufiat, en draperie hellénique.

Surpris, vaguement inquiets, nous nous arrêtâmes et nous la suivîmes des yeux. Deux palmes fraîches dressées sur un tertre indiquaient une sépulture toute récente. La femme, dont la lune éclairait maintenant le visage ratatiné et ridé de vieille, s'agenouilla, après avoir enlevé les palmes.

Puis, elle creusa dans le sable avec ses mains, très vite, comme les bêtes fouisseuses du désert.

Elle mettait une sorte d'acharnement à cette besogne.

Le trou noir se rouvrait rapidement sur le

sommeil et la putréfaction anonymes qu'il recélait.

Enfin, la femme se pencha sur la tombe béante. Quand elle se redressa, elle tenait une des mains du mort, coupée au poignet, une pauvre main roide et livide.

En hâte, la vieille remblaya le trou et replanta les palmes vertes. Puis, cachant la main dans sa *mlahfa*, elle reprit le chemin de la ville.

Alors, pâle, haletant, le spahi prit son fusil, l'arma, l'épaula.

Je l'arrêtai : — Pourquoi faire ? Est-ce que cela nous regarde ? Dieu est son juge !

— Oh, Seigneur, Seigneur, répétait le spahi épouvanté. Laisse-moi tuer l'ennemie de Dieu et de ses créatures !

— Dis-moi plutôt ce qu'elle peut bien vouloir faire de cette main !

— Ah, tu ne sais pas ! C'est une sorcière maudite. Avec la main du mort, elle va pétrir du pain. Puis elle le fera manger à quelque malheureux. Et celui qui a mangé du pain pétri avec une main de mort prise une nuit de vendredi par la pleine lune, son cœur se dessèche et meurt lentement. Il devient indifférent à tout et un *rétrécissement de l'âme* affreux s'empare de lui. Il dépérit et trépasse. Dieu nous préserve de ce maléfice !

Dans le rayonnement doux de la nuit, la vieille avait disparu, allant à son œuvre obscure.

Nous reprîmes en silence le chemin de la ville aux mille coupoles, petites et rondes, que semblaient prolonger, d'un horizon à l'autre, les dos monstrueux de l'Erg, en une gigantesque cité translucide des Mille et une Nuits, peuplée de génies et d'enchanteurs (1).

(1) Une autre version manuscrite du même sujet est intitulée « la Goule ».

L'ÉCRITURE DE SABLE

Un vieux cep de vigne se tord contre la chaux roussie de la muraille et retombe sur les faïences vertes, encore brillantes, de la fontaine turque, en une étreinte lasse et fraternelle.

La rue au pavé noir monte étroite, capricieuse, étranglée entre l'affaissement sénile des maisons centenaires, penchées sur elle par leurs étages en surplomb.

Un jour discret, verdâtre, glisse à travers le fouillis des porte-à-faux dorés par le temps. De mystérieuses petites meurtrières s'ouvrent dans l'épaisseur des murs, trous noirs ne révélant rien. Les portes cloutées sont basses, renfoncées, énigmatiques.

Vers le haut, la ruelle s'engouffre sous une voûte sombre surbaissée.

Tout est mort, tout est silencieux, dans ce coin du vieil Alger barbaresque.

Seule, une boutique de fruitier arabe jette

sa note gaie dans tout cet assombrissement des choses. Une échoppe étroite où s'entassent, en des mannes et des couffins, les pommes dorées, les poissons luisants, les légumes plantureux, les roses carottes, les raisins blancs, les noirs, lourds et gonflés de suc miellé, les citrons verts et les tomates surtout, la gloire écarlate des tomates qui saignent sous les rares rayons obliques du soleil intrus...

A côté, dans une niche encore plus petite, en contre-bas de la rue, habite le *taleb* marocain El Hadj Abdelhadi El Mogh'rebi, sorcier et médecin empirique.

El Mogh'rebi peut avoir cinquante ans. Long, très mince sous sa *djellaba* brune, il porte un turban volumineux, contrastant étrangement avec la maigreur osseuse de son visage bronzé, aux yeux pénétrants et vifs. Il ne sourit jamais.

Son mobilier est fruste : une natte, deux coussins couverts d'indienne jaune, une couverture *djeridi* rouge et verte pour toute literie, deux ou trois petites étagères marocaines anxieusement fouillées et peinturlurées, chargées de vieux livres jaunis, de fioles de drogues et d'encre, quelques petites marmites et un réchaud arabe en terre cuite, un mortier en cuivre et une *meïda*, basse petite table ronde.

El Mogh'rebi, accroupi sur sa natte, attend avec une indifférence songeuse ses clients.

Depuis vingt ans, les habitants du quartier sont habitués à voir le *taleb* ouvrir sa boutique avant le jour, aller faire ses ablutions à la fontaine et rentrer pour prier et préparer lui-même son café.

Parfois, un passant s'arrête, souhaite au *taleb* la paix et la miséricorde divine, puis, retirant ses souliers, entre et s'accroupit en face d'El Mogh'rebi.

Tantôt, c'est quelque vieux maure en costume aux nuances claires, tantôt un notable de l'intérieur, amplement drapé de laine et de soie blanches, coiffé du haut *guennour* à cordelettes en poil de chameau, tantôt quelque humble fellah enveloppé de loques fauves, ou une vieille dolente, émissaire des belles dames d'honnête lignée, ne sortant pas, ou une libre hétaïre de la haute ville...

Pour tous les hommes, El Mogh'rebi garde la même politesse grave et bienveillante. Pour les femmes, il est plus négligent, plus familier aussi parfois.

La plupart des clients viennent consulter le *taleb* sur l'avenir, avec la soif étonnante et déraisonnable qu'ont tous les humains de dissiper la brume bienfaisante des lendemains ignorés...

Le procédé, très vieux, employé par El Mogh'rebi, est l'*Écriture de sable*. Il remet au client un *kalâm* en lui recommandant de s'en appuyer la pointe à la place du cœur, en formulant *en lui-même* sa question.

Puis, il lui demande son nom et celui de sa mère et, sur une planchette de bois jaune polie, il trace un grimoire inintelligible, un carré composé de lettres arabes, finissant vers le bas en triangle. Il se livre à un calcul à lui connu, puis, *presque toujours sans se tromper*, il dit au client la *nature* de son souhait : argent, honneurs, amour, vengeance. Jamais il ne précise l'objet lui-même, en indiquant seulement l'espèce. Il prédit alors si l'impétrant obtiendra ou non l'objet de ses souhaits. Les clients habituels d'El Mogh'rebi affirment qu'il ne se trompe jamais...

Le refrain de ses prédictions est toujours le même, qu'elles soient bonnes ou mauvaises : « Mon fils, patiente, car la patience est bonne. Elle est la clé de la consolation ».

Le *taleb* accepte sans murmurer la rétribution qu'on lui offre.

D'autres fois, ce sont à ses lumières de *khakim*, médecin, que l'on vient s'adresser. Il a, suspendus aux solives blanchies de son échoppe, des bottes de simples desséchées. Il manie ces herbes avec une science accomplie de leurs différentes propriétés. Par contre, en chirurgie, son savoir est très limité et ne dépasse guère celui d'un rebouteux des campagnes de France.

Il compose également des élixirs et des philtres, il prépare des amulettes, avec une conviction absolue en leur efficacité.

A l'inverse des charlatans européens, El Mogh'rebi fuit les foules et le tumulte et ne se donne pas la peine de débiter des boniments. Pour quelques pièces blanches, il rend les services qu'on lui demande, sans jamais se déranger, sans rien faire pour attirer les clients.

Cette monotonie des choses quotidiennes est comme la condition indispensable de sa vie. Il envisagerait sans doute tout changement comme un désagrément, peut-être même comme une infortune.

Sur ses origines, son passé, sa famille, El Mogh'rebi est muet. L'on sait seulement qu'il est originaire d'Oudjda et habite Alger depuis son retour de la Mecque, il y a vingt ans... vingt ans d'immobilité et de silence sur tout ce qui n'est pas son art.

Ses habitudes, comme le décor de sa ruelle, sont immuables, et ses jours tombent au néant, comme des gouttes d'eau dans le sable.

La soif du merveilleux et de l'inconnu, qui brûle les cœurs simples et angoisse les âmes encore proches de la mystérieuse nature, durera bien autant que la vie d'El Mogh'rebi et de ses émules, et que leur vieille science surannée réfugiée dans les trous d'ombre et de paix des cités de jadis.

L'ENLUMINEUR SACRÉ

Sous les petites coupoles de plâtre que dore le soleil, les boutiques s'alignent, minuscules, inégales comme des alvéoles. Les comptoirs branlants sont de planches brutes.

Dans la lumière exaspérée, les mouches bourdonnent, alléchées, grisées par le suc fermenté des dattes.

Les ombres violettes, très brèves, coupent l'éblouissement des choses, et l'accablement de l'heure tait les bruits.

Le maître de l'une des boutiques, assis sur une caisse, accoudé sur le comptoir, le capuchon rabattu sur le front, sommeille, l'œil mi-clos, dans la pose assoupie, mais vivante, du félin au repos.

Dans le fond, sur une natte, Si El Hadj Hamouda s'applique au travail patient d'enluminure qui délaie en douceur la monotonie des heures : il copie, d'un *kalâm* expert, les paroles des Livres, ornant d'or et de cinabre les pages ambrées, après avoir pieusement inscrit

sur la première la formule : « Ne le touchez,
si vous n'êtes pur ».

Lentement, d'une main calme et agile, Hadj
Hamouda enroule en volutes les caractères de
rêve, les encadre d'arabesques déliées, où les
rouges et les verts rehaussent les ors pâlissant,
sépare les versets par de petites étoiles naïves,
en guise de points.

La feuille de parchemin simplement posée
sur son genou, ses encres en de petites tasses
ébréchées, l'enlumineur travaille, malgré la
lourdeur amollissante de l'air, malgré l'obsti-
nation des mouches.

Enveloppé de burnous blancs, encapuchon-
né, un long chapelet au cou, Hadj Hamouda,
de visage émacié et brun, de traits réguliers,
la barbe grisonnante à peine, poursuit son
œuvre patiente. Son regard est calme, éteint,
et l'ambition y paraît à peine. Parfois, une
ombre de sourire passe sur sa lèvre, quand lui
plaisent la bonne ordonnance d'une page, la
grâce d'une vignette.

Il vit de ce travail charmant, en une insouciance heureuse, en cette boutique qui l'abrite,
avec la piété hospitalière de l'Islam. Après des
années, il y reste toujours l'hôte discret, ne se
mêlant pas du mouvement journalier, presque
pas même des conversations.

Parfois, quelque vieux taleb, distingué et
poli, aux gestes graves, vient s'asseoir sur la

ñatte du calligraphe après avoir baisé son front en signe de respect. De nombreux *salam*, sans hâte, puis des discours lents, où passent des choses très vieilles.

Les enfants eux-mêmes n'osent venir jouer devant la boutique, et la présence de Hadj Hamouda la sanctifie presque.

Aux heures où l'appel plaintif des *mouedden* plane sur El-Oued, l'enlumineur se lève, rejette ses burnous sur son épaule, d'un geste ample et beau, et s'en va à la mosquée des Messaâba.

Entre les dernières maisons du ksar et les premières dunes qui continuent les coupoles en teintes plus claires, un dôme gris s'élève, sur des murs bas et effrités, dans un enclos où de jeunes dattiers tamisent en bleu l'ardeur de la lumière.

Près du puits à *hottara* (1), dont l'armature grince, lourde et criarde, dans un bassin de plâtre, les fidèles font les ablutions rituelles.

Puis, dans l'intérieur fruste et nu, sur les nattes desséchées, jaunies, ils se prosternent ensemble en attestant l'unité absolue de Dieu.

Hadj Hamouda, au premier rang, récite à voix haute les versets chantants : le plus savant parmi les assistants, il est l'*imam*.

Après, du même pas lent, il regagne sa bou-

---

(1) *Hottara*, armature de puits en troncs de palmiers, dans le Souf.

tique où il reprend son *kalâm* et son travail suranné.

Le soir, à l'heure rouge où le soleil embrase le ksar, Hadj Hamouda, toujours seul, promène son rêve restreint, doux, sa mélancolie sans motifs extérieurs, au sommet des dunes, sur les pistes grises, entre les tombeaux disséminés.

Parfois, il s'arrête, les mains levées et ouvertes devant lui comme un livre, et il dit une *fatiha* (1) devant quelque tombeau anonyme ou quelque *koubba* blanche, esseulée dans le désert.

Après la prière de l'Acha, il rentre dans la boutique et reprend sur sa nattè la prière commencée à la mosquée. Assis, la tête penchée, il égrène son chapelet, l'œil voilé d'un rêve plus lointain.

Puis, sur l'humble couche, toujours solitaire, il s'endort, sans regrets et sans désirs.

Exempt de colère et de passion, sans famille, sans soucis, Hadj Hamouda vit, attendant en paix l'heure inconnue...

(1) La *Fatiha* (sourate de l'Ouverture) la première du Korân.

LE MAGICIEN

Si Abd-es-Sélèm habitait une petite maison caduque, en pierre brute grossièrement blanchie à la chaux, sur le toit de laquelle venait s'appuyer le tronc recourbé d'un vieux figuier aux larges feuilles épaisses.

Deux pièces de ce refuge étaient en ruines. Les deux autres, un peu surélevées, renfermaient la pauvreté fière et les étranges méditations de Si Abd-es-Sélèm, le Marocain.

Dans l'une, il y avait plusieurs coffres renfermant des livres et des manuscrits du Magh'reb et de l'Orient.

Dans l'autre, sur une natte blanche, un tapis marocain avec quelques coussins. Une petite table basse en bois blanc, un réchaud en terre cuite avec de la braise saupoudrée de benjoin, quelques tasses à café et autres humbles ustensiles d'un ménage de pauvre, et encore des livres, composaient tout l'ameublement.

Dans la cour délabrée, autour du grand figuier abritant le puits et le dallage disjoint, il y avait quelques pieds de jasmin, seul luxe de cette singulière demeure.

Alentour c'était le prestigieux décor de collines et de vallons verdoyants sertissant, comme un joyau, la blanche Annéba (1). Autour de la maison de Si Abd-es-Sélèm, les *koubbas* bleuâtres et les blancs tombeaux du cimetière de Sid-el-Ouchouech se détachaient en nuances pâles sur le vert sombre des figuiers.

... Le soleil s'était couché derrière le grand Idou' morose, et l'incendie pourpre de tous les soirs d'été s'était éteint sur la campagne alanguie.

Si Abd-es-Sélèm se leva.

C'était un homme d'une trentaine d'années, de haute taille, svelte sous des vêtements larges dont la blancheur s'éteignait sous un burnous noir.

Un voile blanc encadrait son visage bronzé, émacié par les veilles, mais dont les traits et l'expression étaient d'une grande beauté. Le regard de ses longs yeux noirs était grave et triste.

Il sortit dans la cour pour les ablutions et la prière du Magh'reb.

— La nuit sera sereine et belle, et j'irai réfléchir sous les eucalyptus de l'oued Dheheb, pensa-t-il.

(1) Bône.

Quand il eut achevé la prière et le *dikr* du bienheureux cheikh Sidi Abd-el-Kader Djilani de Bagdad, Si Abd-es-Sélèm sortit de sa maison. La pleine lune se levait là-bas, au-dessus de la haute mer calme, à l'horizon à peine embruni de vapeurs légères d'un gris de lin.

Les féroces petits chiens des demeures bédouines proches du cimetière grondèrent, sourdement d'abord, puis coururent, hurlant, vers la route de Sidi-Brahim.

Alors, Si Abd-es-Sélèm perçut un appel effrayé, une voix de femme. Surpris, quoique sans hâte, le solitaire traversa la prairie et arrivant vers la route, il vit une femme, une juive richement parée qui, tremblante, s'appuyait contre le tronc d'un arbre.

— Que fais-tu ici la nuit ? dit-il.

— Je cherche le *sahâr* (sorcier) Si Abd-es-Sélèm le Marocain. J'ai peur des chiens et des tombeaux... Protège-moi.

— C'est donc moi que tu cherches... à cette heure tardive, et seule. Viens. Les chiens me connaissent et les esprits ne s'approchent pas de celui qui marche dans le sentier de Dieu.

La Juive le suivit en silence.

Abd-es-Sélèm entendait le claquement des dents de la jeune femme et se demandait comment cette créature parée et timide avait pu venir là, seule après la tombée de la nuit.

Ils entrèrent dans la cour et Si Abd-es-Sélèm

alluma une vieille petite lampe bédouine, fumeuse.

Alors, s'arrêtant, il considéra son étrange visiteuse. Svelte et élancée, la Juive, sous sa robe de brocart bleu pâle, avec sa gracieuse coiffure mauresque, était belle, d'une troublante et étrange beauté.

Elle était très jeune.

— Que veux-tu ?

— On m'a dit que tu sais prédire l'avenir... J'ai du chagrin et je suis venue...

— Pourquoi n'es tu pas venue de jour, comme les autres ?

— Que t'importe ? Écoute-moi et dis-moi quel sera mon sort.

— Le feu de l'enfer, comme celui de ta race infidèle ! — Mais Si Abd-es-Sélèm dit cela sans dureté, presque souriant.

Cette apparition charmante rompait la monotonie de son existence et secouait un peu le lourd ennui dont il souffrait en silence.

— Assieds-toi, dit-il, l'ayant fait entrer dans sa chambre.

Alors la Juive parla.

— J'aime, dit-elle, un homme qui a été cruel envers moi et qui m'a quittée. Je suis restée seule et je souffre. Dis-moi s'il reviendra.

— C'est un juif ?

— Non... un musulman.

— Donne-moi son nom et celui de sa mère

et laisse-moi faire le calcul que m'ont appris les sages du Mogh'reb, ma patrie.

— El Moustansar, fils de Fathima.

Sur une planchette Si Abd-es-Sélèm traça des chiffres et des lettres, puis, avec un sourire, il dit :

— Juive, ce musulman qui s'est laissé prendre à ton charme trompeur et qui a eu le courage louable de le fuir, reviendra.

La Juive eut une exclamation de joie.

— Oh, dit-elle, je te récompenserai généreusement.

— Toutes les richesses mal acquises de ta race ne récompenseraient point dignement le trésor inestimable et amer que je t'ai donné : la connaissance de l'avenir...

— A présent, Sidi, j'ai quelque chose encore à demander à ta science. Je suis Rahil, fille de Ben-Ami.

Et elle prit le roseau qui servait de plume au *taleb* et l'appuya contre son cœur tandis que ses lèvres murmuraient des paroles rapides, indistinctes.

— Il vaudrait mieux ne pas tenter de savoir plus entièrement ce qui t'attend.

— Pourquoi ? Oh, réponds, réponds !

— Soit.

Et Si Abd-es-Sélèm reprit son grimoire mystérieux. Tout à coup un violent étonnement se peignit sur ses traits et il considéra attentivement la Juive. Si Abd-es-Sélèm était poète et il se réjouissait du hasard étrange qui mettait en contact avec son existence, celle de cette Juive qui, selon son calcul, devait être tourmentée et singulière, et finir tragiquement.

— Écoute, dit-il, et n'accuse que toi-même de ta curiosité. Tu as causé l'infortune de celui que tu aimes. Il l'ignore, mais, d'instinct, peut-être, il a fui. Mais il reviendra et il saura... O Rahil, Rahil ! En voilà-t-il assez, ou faut-il tout te dire ?

Tremblante, livide, la Juive fit un signe de tête affirmatif.

— Tu auras encore avec celui qui doit venir, une heure de joie et d'espérance. Puis, tu périras dans le sang.

Ces paroles tombèrent dans le grand silence de la nuit, sans écho.

La Juive cacha son visage dans les coussins, anéantie.

— C'est donc vrai ! Tout à l'heure, au Mogh'reb, j'ai interrogé la vieille Tyrsa, la gitane de la Porte du Jeudi... et je ne l'ai pas crue... Je l'ai insultée... Et toi, toi tu me répètes plus horriblement encore sa sentence... Mourir ? Pourquoi ? Je suis jeune... Je veux vivre.

— Voilà... C'est ta faute ! Tu étais le papillon éphémère dont les ailes reluisent des cou leurs les plus brillantes et qui voltige sur les fleurs, ignorant de son heure... Tu as voulu savoir et te voilà devenue semblable au héron mélancolique qui rêve dans les marécages enfiévrés...

La Juive, affalée sur le tapis, sanglotait.

Si Abd-es-Sélèm la regardait et réfléchissait avec la curiosité profonde de son esprit scrutateur, affiné dans la solitude. Il n'y avait pas de pitié dans son regard. Pourquoi plaindre cette Rahil ? Tout ce qui allait lui arriver n'était-il pas écrit, inéluctable ? Et ne prouvait-elle pas la vulgarité et l'ignorance de son esprit, en se lamentant de ce que la Destinée lui avait donné en partage, un sort moins banal que celui des autres... plus de passion, plus de vicissitudes en moins d'années, la sauvant du dégoût et de l'ennui ?

— Rahil, dit-il, Rahil ! Écoute... Je suis celui qui blesse et qui guérit, celui qui réveille et qui endort... Écoute, Rahil.

Elle releva la tête. Sur ses joues pâlies, des larmes coulaient.

— Cesse de pleurer et attends-moi. Il est l'heure de la prière.

Si Abd-es-Sélèm prit dans une niche élevée un livre relié en soie brodée d'or, et l'ayant pieusement baisé, l'emporta dans une autre pièce. Puis dans la cour, il pria l'*âcha* (1).

(1) Prière du soir.

Rahil, seule, s'était relevée et, accroupie, elle songeait et sa pensée était lugubre... Elle regrettait amèrement d'avoir voulu tenter le sort et savoir ce qui devait lui arriver...

Si Abd-es-Sélèm rentra avec un sourire.

— Eh bien, dit-il, ne savais-tu pas que, tôt ou tard, tu allais mourir ?

— J'espérais vivre, être heureuse encore et mourir en paix...

Si Abd-es-Sélèm haussa les épaules dédaigneusement.

Rahil se leva.

— Que veux-tu comme salaire ? La voix de la juive était devenue dure.

Il resta silencieux, la regardant. Puis, après un instant, il répondit :

— Me donneras-tu ce que je te demanderai ?

— Oui, si ce n'est pas trop.

— Je prendrai comme salaire ce que je voudrai.

Il lui prit les poignets.

Elle fut insolente.

— Laisse-moi partir ! Je ne suis pas pour toi. Lâche-moi.

— Tu es comme la grenade mûre tombée de l'arbre : pour celui qui la ramasse ; le bien trouvé est le bien de Dieu.

— Non, laisse-moi partir... Et elle se débattit, cherchant à se dégager, à le griffer.

Irrésistiblement, il l'inclinait vers le tapis.

La beauté de Rahil charma les heures d'une courte nuit d'été, pour le magicien mélancolique...

Et le matin, quand Rahil eut connu l'enchantement presque douloureux tant il était intense, de l'amour du magicien, quand, indifférent et songeur, il lui dit qu'elle pouvait partir, elle se laissa choir à ses pieds qu'elle baisa, l'implorant :

— Oh ! laisse-moi revenir ! Auprès de toi j'oublierai El Moustansar le soldat, et j'éviterai peut-être la perte que son amour me réserve !

Si Abd-es-Sélèm hocha la tête.

— Non. Ne reviens pas. La griserie d'une heure charmante ne renaîtrait plus... Non, ne reviens pas... Va à ton destin, j'irai au mien.

*
* *

Rouge et ardent, baigné d'or pourpré, le soleil se levait au-dessus de la mer, d'une nuance lilacée, nacrée, où de légers serpents d'argent couraient, rapides, fugitifs.

Le long de l'oued Dheheb limpide et tranquille, sous les eucalyptus bleuâtres, Si Abd-es-Sélèm s'avançait lentement, rêveur.

Souvent, après la première prière du jour, Si Abd-es-Sélèm aimait promener son rêve triste, communier au sourire des choses...

Tout à coup, sur la plage déserte, parmi les herbes longues et verdâtres, les coquillages blancs et les galets noirs, Si Abd-es-Sélèm aperçut un corps de femme couchée sur le dos, vêtue d'une robe de brocart rose, et enveloppé d'un grand châle de cachemire.

Il s'approcha et se pencha, soulevant le châle.

Il reconnut la juive, jeune et belle, les yeux clos, les lèvres retirées dans un sourire douloureux.

Deux coups de baïonnette avaient transpercé son corps et le sang inondait sa poitrine.

Si Abd-es-Sélèm se redressa.

Il regarda le cadavre pendant un instant et, dans sa pensée, il détailla les souvenirs de la nuit d'amour que, trois années auparavant, il avait prise à la belle Rahil, puis, du même pas tranquille, il reprit sa promenade, dans la splendeur plus ardente du jour éblouissant.

LE MEDDAH

Dans les compartiments de troisième classe, étroits et délabrés, la foule, en burnous terreux, s'entasse bruyamment. Le train est déjà parti et roule, indolent, sur les rails surchauffés, que les bédouins ne sont pas encore installés. C'est un grand brouhaha joyeux... Ils passent et repassent par-dessus les cloisons basses, ils calent leurs sacs et leurs baluchons en loques, s'organisant comme pour un très long voyage... Habitués aux grands espaces libres, ils s'interpellent très haut, rient, plaisantent, échangent des bourrades amicales.

Enfin, tout le monde est casé, dans l'étouffement croissant des petites cages envahies à chaque instant par des tourbillons de fumée lourde, chargée de suie noire et gluante.

Un silence relatif se fait.

Des baluchons informes, des sacs, émergent les *djouak*, les *gasba*, les *benadir* et une *rh'aïla*, tout l'orchestre obligé des pèlerinages arabes.

Alors, dans le compartiment du centre, un

homme se lève, jeune, grand, robuste, fièrement drapé dans son burnous dont la propreté blanche contraste avec le ton terreux des autres... Son visage plus régulier, plus beau d'homme du sud est bronzé, tanné par le soleil et le vent. Ses yeux, longs et très noirs, brillent d'un singulier éclat sous ses sourcils bien arqués.

De sa main effilée d'oisif, il impose silence.

C'est El Hadj Abdelkader, le *meddah* (1). Il va chanter et tous les autres, à genoux sur les banquettes, se penchent sur les cloisons pour l'écouter.

Alors, tout doucement, en sourdine, les *djouak* et les *gasba* commencent à distiller une tristesse lente, douce, infinie, tandis que, discrètement encore, les *benadir* battent la mesure monotone.

Les roseaux magiques se taisent et le *meddah* commence, sur un air étrange, une mélopée sur le sultan des saints, Sidi Abdelkader Djilani de Bagdad.

Guéris-moi, ô Djilani, flambeau des ténèbres !

Guéris-moi, ô la meilleure des créatures !

Mon cœur est en proie à la crainte.

Mais je fais de toi mon rempart.

Sa voix, rapide sur les premiers mots de

______

(1) Rapsode arabe.

chaque vers, termine en traînant, comme sur une plainte. Enfin, il s'arrête sur un long cri triste, repris aussitôt par la *rh'aïta* criarde, qui sanglote et qui fait rage, éperdue, comme en désespoir... Et c'est de nouveau le bruissement d'eau sur les cailloux ou de brise dans les roseaux des *djouak* et des *gasba* qui reprend, quand se tait la *rh'aïta* aux accents sauvages... puis la voix sonore et plaintive du rapsode arabe.

Les auditeurs enthousiastes soulignent certains passages par des Allah ! Allah ! admiratifs.

Et le train, serpent noir, s'en va à travers la campagne calcinée, emportant les *ziar*, leur musique et leur gaîté naïve vers quelque blanche koubba de la terre africaine.

*
* *

Vers le nord, les hautes montagnes fermant la Medjoua murent l'horizon. De crête en crête, vers le sud, elles s'abaissent peu à peu jusqu'à la plaine immense du Hodna.

Au sommet d'une colline élevée, sur une sorte de terrasse crevassée et rouge, sans un arbre, sans un brin d'herbe, s'élève une petite koubba, toute laiteuse, esseulée dans toute la désolation du chaos de coteaux arides et âpres où la lumière incandescente de l'été jette des reflets d'incendie.

En plein soleil, une foule se meut, houleuse, aux groupes sans cesse changeants et d'une teinte uniforme d'un fauve très clair... Les bédouins vont et viennent, avec de grands appels chantants autour du *makam* élevé là en l'honneur de Sidi Abdelkader, le seigneur des Hauts-Lieux.

Sous des tentes en toile bise déchirées, des kabyles en blouse et turban débitent du café mal moulu dans des tasses ébréchées. Attirées par le liquide sucré, sur les visages en moiteur, sur les mains, dans les yeux des consommateurs, les mouches s'acharnent, exaspérées par la chaleur.

Les mouches bourdonnent et les bédouins discutent, rient, se querellent, sans se lasser, comme si leur gosier était d'airain. Ils parlent des affaires de leur tribu, des marchés de la région, du prix des denrées, de la récolte, des petits trafics rusés sur les bestiaux, des impôts à payer bientôt.

A l'écart, sous une grande tente rayée et basse, les femmes gazouillent, invisibles, mais attirantes toujours, fascinantes par leur seul voisinage pour les jeunes hommes de la tribu.

Ils rôdent le plus près possible de la bienheureuse *bith-ech-châr*, et quelquefois un regard chargé de haine échangé avec une sourde menace de la voix ou du geste révèlent tout un mystérieux roman, qui se changera peut-être bientôt en drame sanglant.

... A demi couché sur une natte, les yeux mi-clos, le *meddah* se repose.

Très apprécié pour sa belle voix et son inépuisable répertoire, El Hadj Abdelkader ne se laisse pas mener par l'auditoire. Indolent et de manières douces, il sait devenir terrible quand on le bouscule. Il se considère lui-même comme un personnage d'importance et ne chante que quand cela lui plaît.

Originaire de la tribu, — héréditairement viciée par les séculaires prostitutions — des Ouled-Naïl, vagabond dès l'enfance, accompagnant des *meddah* qui lui avaient enseigné leur art, El Hadj Abdelkader, avait réussi à aller au pèlerinage des villes saintes, dans la suite d'un grand marabout pieux. Adroit et égoïste, mais d'esprit curieux, il avait, pour revenir, pris le chemin des écoliers : il avait parcouru la Syrie, l'Asie Mineure, l'Egypte, la Tripolitaine et la Tunisie, recueillant, par-ci par-là, les histoires merveilleuses, les chants pieux, voire même les cantilènes d'amour et de *nefra* affectionnés des bédouins... Il sait dire ces histoires et ses propres souvenirs avec un art inconscient. Illettré, il jouit parmi les *tolba* eux-mêmes d'un respect général rendant hommage à son expérience et à son intelligence. Indolent, satisfait de peu, aimant par-dessus tout ses aises, le *meddah* ne voulut jamais tremper dans les louches histoires de vol qu'il a côtoyées parfois et n'a à se reprocher que les aventures, souvent périlleuses, que lui fait poursuivre sa nature de jouisseur, d'amoureux dont la réputation oblige.

En tribu, le coq parfait, l'homme à femmes risquant sa tête pour les belles difficilement accessibles, jouit d'une notoriété flatteuse et, malgré les mœurs, malgré la jalousie farouche, ce genre d'exploits jouit d'une indulgence relative, à condition d'éviter les conflits avec les intéressés et surtout le flagrant délit, presque toujours fatal. Pour l'étranger, cette quasi tolérance est bien moindre et l'auréole de courage du *meddah* se magnifie encore de ce surcroît de danger et d'audace.

Aussi, durant toute la fête, les yeux du nomade cherchent-ils passionnément à découvrir, sous le voile de mystère de la tente des femmes, quelque signe à peine perceptible, prometteur de conquête.

... Après les danses, les luttes, la longue station autour du *meddah*, dont la robuste poitrine ne se lasse pas, après les quelques sous de la *ziara* donnés à l'*oukil*, qui répond par des bénédictions, les bédouins, las, s'endorment très tard, roulés dans leurs burnous, à même la bonne terre familière, refuge de leur confiante misère. Peu à peu, un grand silence se fait, et la lune promène seule sa clarté rose sur les groupes endormis sur la terre nue...

C'est l'heure où l'on peut voir un fantôme fugitif descendre dans le lit desséché de l'oued, où, assis sur une pierre, le *meddah* attend, dans la grisante incertitude... Comment sera-t-elle, l'inconnue qui, dessous l'étoffe lourde de la tente, lui fit, au soleil couchant, un signe de la main ?

... Sur des chariots, sur des mulets, à pied ou poussant devant eux de petits ânes chargés, les *ziar* de Sidi Abdelkader s'en vont, et, arrivés au pied de la colline, se dispersent pour regagner leurs douars, cachés par là-bas dans le flamboiement morne de la campagne.

Et le *meddah*, lui, prend au hasard une piste quelconque, son maigre paquet de hardes en sautoir, attaché d'une ficelle. Droit, la tête haute, le pas lent, il s'en va vers d'autres *koubba*, vers d'autres troupes de *ziar*, qu'il charmera du son de sa voix et dont les filles l'aimeront, dans les nuits complices...

Insouciant, couchant dans les cafés maures où on l'héberge et où on le nourrit pour quelques couplets ou quelques histoires, El Hadj Abdelkader s'en va à travers les tribus bédouines ou kabyles, sédentaires ou nomades, remontant en été vers le nord, franchissant en hiver les Hauts-Plateaux glacés pour aller dans les *ports* souriants du Sahara : Biskra, Bou-Saâda, Tiaret...

De marché en marché, de *taâm* en *taâm*, il erre ainsi, heureux, en somme, du bonheur fugitif, peu compliqué des vagabonds-nés...

Mais un jour vient, insidieux, inexorable, où toute cette progression, à travers des petites joies successives, faisant oublier les revers, s'arrête.

La taille d'El Hadj Abdelkader s'est cassée, sa démarche est devenue incertaine, l'éclat de ses yeux de flamme s'est éteint : le beau *meddah* est devenu vieux.

Alors, mendiant aveugle, il continue d'errer, plus lentement, conduit par un petit garçon quelconque, recruté dans l'armée nombreuse essaimée sur les grandes routes... Le vieux demande l'aumône et le petit tend la main.

Parfois, pris d'une tristesse sans nom, le vieux vagabond se met à chanter, d'une voix chevrotante, des lambeaux de couplets, ou à ânonner des bribes des belles histoires de jadis, confuses, brouillées dans son cerveau finissant...

... Un jour, des bédouins qui s'en vont au marché trouvent, sur le bord de leur chemin, le corps raidi du mendiant, endormi dans le soleil, souriant, en une suprême indifférence...

« Allah iarhemou » (1), disent les musulmans qui passent, sans un frisson...

Et le corps achève de se raidir, sous la dernière caresse du jour naissant, souriant avec la même joie mystérieuse à l'éternelle Vie et à l'éternelle Mort, aux fleurs du sentier et au cadavre du *meddah*...

(1) « Dieu lui accorde sa miséricorde ». Se dit des morts.

Bou-Saâda, février 1903.

LA DEROUICHA

Sous le ciel noir, des nuages en lambeaux fuient, chassés par le vent qui hurle. Au loin, derrière les montagnes où une obscurité sinistre semble ouvrir les portes des ténèbres infinies, la mer déferle et gronde, tandis que mugissent les *oued* boueux qui roulent des arbres déracinés et des rochers arrachés au flanc déchiqueté des hautes collines rouges. Le pays est raviné, hérissé de chaînes de montagnes enchevêtrées, boursouflé d'un chaos de collines où la brousse jette des taches lépreuses.

Il fait froid, il fait désolé, il pleut...

Sur les cailloux aigus, dans les flaques d'eau glacée de la piste sans nom qui est la *route* du *douar* de Dahra, une femme avance péniblement, ses loques grisâtres arrachées, enflées comme des voiles par le vent. Maigre et voûtée comme le sont vite les bédouines porteuses d'enfants, elle s'appuie sur un bâton de *ʒebboudj*. Son visage sans âge est osseux. Les yeux, grands et fixes, ont la couleur terne des eaux dormantes et croupies. Des cheveux noirs retombent sur son front ; ses joues et ses lèvres bleuies par le froid se retroussent et se collent sur des dents aiguës, jaunâtres.

Elle va droit devant elle, comme les nuages qui s'en vont sous la poussée du vent... Elle va sans savoir, peut-être.

Quand elle croise les rares *fellah* se rendant à l'ouvrage ou les bergers, elle passe indifférente et muette.

Après des heures longues, dans le froid atroce, elle arrive à la porte d'un bordj, au fond d'un ravin que surplombent de hautes montagnes d'un noir d'encre, et où flottent des nuées livides.

Les chiens fauves, au poil hérissé, aux petits yeux louches, éclairant d'une lueur féroce le museau aigu, fait pour fouiller les chairs saignantes, s'acharnent sur la mendiante avec leur rauquement sourd qui n'a rien de l'aboiement joyeux des bons gardiens d'Europe. De son bâton, elle protège ses jambes maigres.

Sans appeler, sans frapper, elle entre dans la cour, puis, par la porte basse, dans un gourbi d'où s'échappe une fumée âcre et où bourdonnent des voix de femmes.

Autour d'un foyer de bois humide, allumé entre quatre pierres, des femmes en *mlahfa* blanches s'activent, préparant le premier repas de la longue journée de jeûne.

— Sois la bienvenue, mère Kheïra ! disent

les femmes avec une nuance de respect dans la voix. Et elles font à l'étrangère une place près du feu.

Mère Kheïra répond par monosyllabes, et ses traits gardent leur inquiétante immobilité. L'eau trouble de ses yeux ne s'allume d'aucune lueur dans le bien-être soudain du gourbi tiède.

Le groupe devient plus compact. Elles sont cinq ou six qui entourent une femme d'une trentaine d'années, au profil dur sous la *chechiya* pointue des Oranaises. Chargée de bijoux, elle est vêtue plus proprement que les autres. Sa voix et ses manières sont impérieuses. C'est Bahtha, la femme du Caïd, vieux marabout bédouin, débonnaire et souriant.

Par des ordres brefs, l'épouse du caïd dirige les mouvements des femmes autour du foyer et des marmites.

Cependant pour la *derouïcha* Kheïra, la dame hautaine se fait plus avenante et plus douce. Ses lèvres arquées en un pli méchant se détendent en un sourire.

— Comment es-tu venue, par un temps si affreux, mère Kheïra, et d'où viens-tu ?

— De loin... Hier, j'ai lavé et habillé du linceul la fille d'El-Hadj ben Halima, dans le Maïne... Puis, à la nuit, je suis partie... Il fait froid... Louange à Dieu !

— Louange à Dieu ! répètent en un soupir les femmes en regardant la *derouïcha* avec admiration ; depuis la veille, cette créature frêle et usée marche dans le froid et la tempête et elle est venue, poussée par sa mystérieuse destinée, chercher son pain à quatre-vingts kilomètres de l'endroit où, hier, elle exerçait sa lugubre profession de laveuse des morts.

— Et tu n'as pas peur, mère Kheïra ? demandent les femmes.

— Dieu fait marcher ses serviteurs. Les hyènes et les goules fuient quand passe celui qui prie. Louange à Dieu !

Dans ce cerveau éteint, seule la foi en Dieu demeure vivace.

D'humain, mère Kheïra n'a plus que ce besoin de recours suprême qui attendrit les cœurs les plus durs, et qui, chez les simples, résume toute la poésie de l'âme.

La nuit tombe brusquement, et les hommes rentrent, annonçant que l'heure de rompre le jeûne est venu ; à la mère Kheïra, femme d'entre les femmes, ils ne prennent pas garde et se font servir, parlant entre eux... Et comme je demande à l'un d'eux l'histoire de la *derouïcha*, il me la conte brièvement.

— Quand elle était jeune, elle était belle. Son père était un khammès très pauvre, et elle aimait garder les troupeaux dans la montagne. Elle se faisait des colliers de fleurs sauvages et

parfumait ses loques avec du myrte et du
timzrit (thym) écrasés entre deux pierres.
Quant elle grandit, elle connut l'amour illicite
et changeant des jeunes hommes qui vont, la
nuit, guetter aux abords des douars les jeunes
filles et les épouses, et qui, pour les joies pro-
hibées, risquent leur vie.

Elle fut aimée par plusieurs, et deux jeunes
hommes, tous deux fils de grande tente et semblables à des lions, échangèrent pour elle, une
nuit, des coups de couteaux... L'un mourut,
l'autre alla s'engager aux spahis, pour fuir la
vengeance des parents de sa victime.

Puis, honteux de sa fille, le père de Kheïra,
homme honnête et naïf, qui craignait Dieu, la
donna en mariage à un khammès aussi pauvre
que lui et qui avait déjà deux jeunes épouses.
Tous les plus durs travaux furent imposés à
Kheïra. Etroitement surveillée, accablée de
besogne et de coups, elle vieillit vite. Son mari
mourut et elle se réfugia chez son père qui eut
pitié d'elle et qui la garda.

Un jour, elle prit un bâton et s'en alla le
long des routes en demandant l'aumône au
nom de Dieu. Elle est devenue *derouïcha* et
elle prie le Seigneur. Depuis cinq ans qu'elle
erre ainsi, elle est inoffensive et sa vie est devenue pure. Elle lave les mortes et mendie.
Quand on lui donne, elle partage avec tous
les pauvres qu'elle rencontre et souvent, ne

garde rien pour elle... Elle est devenue aussi douce que l'agneau qui joue près de sa mère et l'innocence de sa vie la met à l'abri de tous les maux... Dieu pardonne nos péchés, et ceux de tous les musulmans !

Le vieil homme se tut, mais le regard pensif de ses yeux d'ombre fixé sur la *derouïcha* disait peut-être ce qu'avaient tu ses lèvres...

Quand elle eut mangé et loué Dieu, malgré les instances des femmes, mère Kheïra se leva, reprit son bâton et sortit dans la nuit d'épouvante et de tempête, l'âme éteinte, insensible désormais aux agitations et aux passions humaines, comme à la morsure du vent et à la menace des ténèbres.

LE TALEB

Les concitoyens de Si Abderrahmane ben Bourenane, de Tlemcen, le vénéraient, malgré son jeune âge, pour sa science et sa vie austère et pure. Cependant, il voyageait modestement, monté sur sa mule blanche et accompagné d'un seul serviteur. Le savant allait ainsi de ville en ville, pour s'instruire.

Un jour, à l'aube, il parvint dans les gorges sauvages de l'oued Allala, près de Ténès.

A un brusque tournant de la route, Si Abderrahmane arrêta sa mule et loua Dieu, tout haut, tant le spectacle qui s'offrait à ses regards était beau.

Les montagnes s'écartaient, s'ouvrant en une vallée de contours harmonieux. Au fond, l'oued Allala coulait, sinueux vers la mer, qui fermait l'horizon.

Vers la droite, le mont de Sidi-Merouane s'avançait, en pleine mer, en un promontoire élevé et hardi.

Au pied de la montagne, dans une boucle de l'oued, la Ténès des musulmans apparaissait en amphithéâtre, toute blanche dans le brun chaud des terres et le vert puissant des figuiers.

Une légère brume violette enveloppait la montagne et la vallée, tandis que des lueurs orangées et rouges embrasaient lentement l'horizon oriental, derrière le djebel Sidi-Merouane.

Bientôt, les premiers rayons du soleil glissèrent sur les tuiles fauves des toits, sur le minaret et les murs blancs de la ville.

Et tout fut rose, dans la vallée et sur la montagne. Ténès apparut à Si Abderrahmane, à la plus gracieuse des heures, sous des couleurs virginales.

Près des vieux remparts noircis et minés par le temps, entre les maisons caduques, délabrées sous leur suaire de chaux immaculée, s'ouvre une petite place qu'anime seul un café maure fruste et enfumé, précédé d'un berceau fait de perches brutes où s'enroulent les pampres d'une vigne centenaire. Un large divan en plâtre, recouvert de nattes usées, sert de siège.

De là, on voit l'entrée des gorges, les forêts de pins, le djebel Sidi-Abdelkader et sa *koubba* blanche, les ruines de la vieille citadelle qu'on appelle la *smala*. Tout en bas, parmi les roches éboulées et les lauriers-roses, l'oued Allala roule ses eaux claires.

Dans le jour, Si Abderrahmane professait le Coran et la Loi à la mosquée. On avait deviné en lui un grand savant et on l'importunait par des marques de respect qu'il fuyait.

Aussi, venait-il tous les soirs, avant l'heure rouge du soleil couchant, s'étendre à demi sous le berceau de pampres.

Là, seul, dans un décor simple et tranquille, il goûtait des instants délicieux.

Loin de la demeure conjugale il évitait soigneusement toutes les pensées et surtout tous les spectacles qui parlent aux sens et les réveillent.

Cependant, un soir, il se laissa aller à regarder un groupe de jeunes filles puisant de l'eau à la fontaine.

Leurs attitudes et leurs gestes étaient gracieux. Comme elles étaient presque enfants encore, elles jouaient à se jeter de l'eau en poussant de grands éclats de rire.

L'une d'elles pourtant semblait grave.

Plus grande que ses compagnes, elle voilait à demi la beauté de son visage et la splendeur de ses yeux, sous un vieux *haïk* de laine blanche qu'elle retenait de la main. Sa grande amphore de terre cuite à la main, elle était montée sur un tas de décombres et elle semblait regarder, songeuse, l'incendie crépusculaire qui l'empourprait toute et qui mettait comme un nimbe léger autour de sa silhouette svelte.

Depuis cet instant, Si Abderrahmane connut les joies et les affres de l'amour.

Tout son empire sur lui-même, toute sa ferme raison l'abandonnèrent. Il se sentit plus faible qu'un enfant.

Désormais, il attendit fébrilement le soir pour revoir Lalia : il avait surpris son nom.

Enfin, un jour, il ne put résister au désir de lui parler, et il lui demanda à boire, presque humblement.

Gravement, détournant la tête, Lalia tendit sa cruche au taleb (lettré).

Puis, comme Si Abderrahmane était beau, et que, tous les soirs, il adressait la parole à la jeune fille, celle-ci s'enhardit, lui souriant dès qu'elle l'apercevait.

Il sut qu'elle était la fille de pauvres khammès, qu'elle était promise à un cordonnier de la ville et qu'elle ne viendrait bientôt plus à l'aiguade, parce que sa plus jeune sœur, Aïcha, serait guérie d'une plaie qui la retenait au lit et que ce serait à elle, non encore nubile, de sortir.

Un soir, comme les regards et les rires de ses compagnes faisaient rougir Lalia, elle dit tout bas à Si Abderrahmane : « Viens quand la nuit sera tombée, dans le Sahel, sur la route de Sidi-Merouane. » Malgré tous les efforts de sa volonté et les reproches de sa conscience, Si Abderrahmane descendit dans la vallée, dès que la nuit fut.

Et Lalia, tremblante, vint, pour se réfugier dans les bras du taleb.

*
* *

Toutes les nuits, comme sa mère dormait profondément, Lalia pouvait s'échapper. Enveloppée du burnous de son frère absent, elle venait furtivement rejoindre Si Abderrahmane au Sahel, parmi les touffes épaisses des lauriers-roses et les tamaris légers.

D'autres fois, les nuits de lune surtout, ils s'en allaient sur les coteaux de Chârir, dormir dans les *liazir* et le *klyl* parfumés, les grandes lavandes grises et les romarins sauvages... Ils éprouvaient, à se serrer l'un contre l'autre, dans l'insécurité et la fragilité de leur union, une joie mélancolique, une volupté presque amère qui leur arrachait parfois des larmes.

*
* *

Pendant quelque temps, les deux amants jouirent de ce bonheur caché.

Puis, brutalement, la destinée y mit fin ; le père de Si Abderrahmane étant à l'agonie, le taleb dut rentrer en toute hâte à Tlemcen.

Le soir des adieux, Lalia eut d'abord une crise de désespoir et de sanglots. Puis, résignée, elle se calma. Mais elle mena son amant à une vieille petite fontaine tapissée de mousse, sous le rempart.

— Bois, dit-elle, et sa voix de gorge prit un accent solennel. Bois, car c'est l'eau miraculeuse d'Aïn-Djaboub, qui a pour vertu d'obliger au retour celui qui en a goûté. Maintenant, va, ô chéri, va en paix. Mais celui qui a bu à l'Aïn-Djaboub reviendra, et les larmes de ta Lalia sécheront ce jour-là.

— S'il plaît à Dieu je reviendrai. N'est-il pas dit : c'est le cœur qui guide nos pas ?

Et le taleb partit.

Lui que les voyages passionnaient jadis, que la variété des sites charmait, Si Abderrahmane sentit que, depuis qu'il avait quitté Ténès, tout lui semblait morne et décoloré. Le voyage l'ennuyait et les lieux qui lui plaisaient auparavant lui parurent laids et sans grâce.

« Hélas, pensa-t-il, ce ne sont pas les choses qui sont changées, mais bien mon âme en deuil. »

.*.

Le père de Si Abderrahmane mourut et les gens de Tlemcen obligèrent en quelque sorte Si Abderrahmane à occuper le poste du défunt, grand mouderrès.

Il fut entouré des honneurs dus à sa science et à sa vie dont la pureté approchait de la sainteté. Il avait pour épouse une femme jeune et charmante, il jouissait de l'opulence la plus large.

Et cependant, Si Abderrahmane demeurait sombre et soucieux. Sa pensée nostalgique habitait Ténès, auprès de Lalia.

Cependant, il eut le courage de demeurer cinq ans dans ses fonctions de mouderrès. Quand son jeune frère Si Ali l'eut égalé en science et en mérites de toutes sortes, Si Abderrahmane se désista en sa faveur de sa charge. Il répudia sa femme et partit.

Il retrouverait Lalia et l'épouserait...

Ainsi, Si Abderrahmane raisonnait comme un petit enfant, oubliant que l'homme ne jouit jamais deux fois du même bonheur.

****

Et à Ténès, où il était arrivé comme en une patrie, le cœur bondissant de joie, Si Abderrahmane ne touva de Lalia qu'une petite tombe grise, sous l'ombre grêle d'un eucalyptus, dans la vallée.

Lalia était morte, après avoir attendu le taleb dans les larmes plus de deux années.

Alors, Si Abderrahmane se vit sur le bord de l'abîme sans bornes, qui est le néant de toutes choses.

Il comprit l'inanité de notre vouloir et la folie funeste de notre cœur avide qui nous fait chercher la plus impossible des choses : le recommencement des heures mortes.

Si Abderrahmane quitta ses vêtements de soie de citadin et s'enveloppa de laine grossière. Il laissa pousser ses cheveux et s'en alla nu-pieds dans la montagne où, de ses mains inhabiles, il bâtit un gourbi. Il s'y retira, vivant désormais de la charité des croyants qui vénèrent les solitaires et les pauvres.

Sa gloire maraboutique se répandit au loin. Il vivait dans la prière et la contemplation, si doux et si pacifique que les bêtes craintives des bois se couchaient à ses pieds, confiantes.

Et cependant, l'anachorète revoyait, des yeux de la mémoire, Ténès baignée d'or pourpre et la silhouette auréolée de Lalia l'inoubliée, et l'ombre complice des figuiers du Sahel, et les nuits de lune sur les coteaux de Chârir, sur les lavandes d'argent et sur la mer, tout en bas, assoupie en son murmure éternel.

LE MARABOUT

Les parois rouges de la montagne enserraient
la vallée profonde et la brousse sombre tapis-
sait les gorges et les fissures déchiquetées que
les oueds tumultueux de l'hiver creusent dans
le roc. Des oliviers sauvages, tordus et d'aspect
maussade, de grands lentisques à ramure raide
et immobile, au feuillage métallique, jetaient
leur ombre bleue sur la terre raboteuse et
dure. Au fond de la vallée, l'Ansar-ed-Dèm
(la Source de Sang) jaillissait d'un creux d'obscurité, dans un fouillis de roches brisées, de
stalactites dorés où, entre les mousses noires
et les fougères graciles, l'eau souterraine laissait des coulées de rouille. Parfois, à l'aube,
les bergers trouvaient dans l'herbe foulée et
sur la rive humide du ruisseau les traces puissantes des *nefra* (batailles) nocturnes ; les
panthères et les hyènes venaient boire là et
des querelles éclataient terribles et sour-
noises, entre les grands rôdeurs de l'ombre.

Sur le versant occidental des montagnes qui
ferment la vallée, une *forka* (fraction de tribu)

gîtait, vivant pauvrement de quelques maigres petits champs conquis sur la montagne hostile.

Les habitants de la région parlaient arabe, mais la vallée portait le nom berbère de Taourirt et sa *forka* celui, plus étrange, d'*Ouled-Fakroun* (les Fils de la Tortue).

Même les plus vieux d'entre les *fellah* ignoraient l'origine de ce surnom bizarre... Peu leur importait d'ailleurs : ils étaient bien trop occupés à labourer leurs champs ingrats, à faire paître leurs maigres troupeaux, à fabriquer du charbon et, à l'occasion, à braconner un peu.

Dominant les chaumières de la fraction, au sommet d'une colline nue et rocheuse, s'élevait le gourbi, plus vaste et mieux bâti de Sidi Bou Chakour (1), vieux marabout très vénéré dans la région. Près du gourbi, un palmier *doum* arborescent poussait, et son étrange parasol de feuilles en éventails abritait la natte où le pieux vieillard aimait à s'asseoir, pour méditer, dire son chapelet ou recevoir les pèlerins.

Cependant, Sidi Bou Chakour ne dédaignait pas l'humble et dur labeur du fellah. Il labourait et ensemençait lui-même son champ et surveillait son troupeau que des enfants faisaient paître dans la montagne.

Le bédouin appelle son bétail d'un nom ca-

____
(1) L'homme à la hache.

ractéristique : *el mêl* (la fortune)... Vieille tradition de la vie pastorale nomade, déjà lointaine.

Sidi Bou Chakour était un grand vieillard mince, quoique robuste. Son visage ovale, d'une beauté vraiment arabe, était bronzé et éclairé par la flamme toujours vive de son regard : sous les sourcils blancs, l'œil noir du marabout brillait comme aux jours de sa jeunesse.

Quand Sidi Bou Chakour avait senti l'approche de la vieillesse, il avait congédié, sans querelles et sans dureté, ses deux plus jeunes femmes, gardant Aouda, sage et calme.

— L'homme vieux est comme le tronc d'un jeune arbre arrivant à la force de l'âge : il ne se courbe plus.

Le courant de la rivière que Dieu nous fait descendre, nous ne le remonterons plus jamais, et il ne sied pas à la créature vieillie d'essayer de se rajeunir. L'heure est venue pour moi, avait-il dit, de laisser de ce monde tout ce qui n'est pas strictement indispensable à la vie, et de me consacrer uniquement à l'adoration de Dieu le Très Haut, et à son service dans le bien et le sentier droit.

Mais les fellah des Ouled Fakroun obligèrent leur marabout à ne pas abandonner tout à fait les affaires temporelles. Ils avaient en lui une grande confiance et, dans toutes les circonstances difficiles, allaient le consulter.

. En effet, le vieillard n'était servile envers personne, pas même envers les *hokkam* (autorités). Quand une cause lui semblait juste, il prenait courageusement la parole pour la défendre et, bien des fois, il avait souffert de cet esprit d'indépendance qui, s'il eût eu des émules nombreux, eût été pour sa race un gage sûr de renaissance.

Sidi Bou Chakour avait eu souvent des dissentiments avec les différents caïds qui s'étaient succédé depuis trente ans aux Beni-Bou-Abdallah, tribu dont dépendaient les Ouled-Fakroun. Mais ces hommes, bédouins eux-mêmes, avaient au fond le respect du marabout, en même temps que la crainte de sa clairvoyance et de sa liberté de langage, et ils préférèrent entretenir des rapports courtois avec Sidi Bou Chakour.

Un jour on envoya comme caïd aux Beni-bou-Abdallah, un jeune fils de famille, devant sa nomination à la longue domesticité des siens. Cet homme, d'une platitude servile devant l'autorité, se montra d'autant plus dur envers les fellah sans défense qu'il administrait.

Fils de père naturalisé, élevé au lycée d'Oran où d'ailleurs ses études furent déplorables, nommé caïd très jeune grâce à ses hautes protections, le caïd Salah était un ambitieux, très dédaigneux au fond de sa race et sans scrupules.

Ces bédouins loqueteux, durs à la détente quand il s'agissait de donner des *douros*, loquaces quand ils se défendaient, irrésolus mais entêtés, le caïd ne voyait en eux qu'un vil bétail bon à mener durement et à exploiter autant que possible. Pour eux, il ne sentait aucun sentiment fraternel et il avait la naïveté étonnante et quelque peu ridicule de les considérer comme des sauvages, des êtres d'une *tout autre race...*

D'une servilité plate vis-à-vis des autorités, le caïd Salah était hautain envers les pauvres, ses administrés. Par cette dureté envers ceux qu'il appelait dédaigneusement et avec une belle inconscience, les « Arabes », et par sa servilité, il espérait obtenir ce qu'on a le tort d'appeler les *honneurs* : les décorations et, qui sait, peut-être un jour un aghalik quelconque.

Dès son entrée en fonctions, dès sa première rencontre avec Sidi Bou Chakour, le caïd sentit que le marabout serait son adversaire acharné. Selon son habitude, il s'empressa de dénoncer à son administrateur et même à Alger, le marabout comme « animé d'un très mauvais esprit à l'égard de *notre* domination ».

Mais on savait à quoi s'en tenir sur les aptitudes policières du caïd, et le marabout fut laissé en paix.

Toutes les fois que le caïd essayait d'intervenir dans les affaires de la *forka* des Ouled

Fakroun, il se heurtait au bon sens et à l'énergie du marabout qui ne le laissait pas circon-
venir les fellah apeurés et naïfs.

Un jour même, le marabout dit en pleine
djemaâ au caïd qui, par des paroles cauteleuses
recélant des menaces, poussait les fellah à
céder leurs terres pour la colonisation. — « Dé-
pouille-nous, mais ne dis pas que tu es notre
bienfaiteur. »

La haine du caïd Salah pour le marabout
s'envenima de tous ces échecs. Malgré tout le
faux « parisianisme » du caïd, la lutte qui, dès
le premier jour, se poursuivait entre lui et Sidi
Bou Chakour était bien bédouine, sombre et
pleine d'embûches.

Mais l'ordre le plus parfait régnait dans la
forka, l'attitude du marabout était irréprocha-
ble et l'administration, malgré toutes les insi-
nuations et les délations venimeuses du caïd,
n'avait aucune raison de sévir. D'ailleurs, le
caïd Salah se méprenait singulièrement sur
l'effet produit par ses manières et ses procédés,
il se croyait estimé tandis qu'en réalité il
était méprisé. On se servait simplement de lui
pour les besognes qu'il eût peut-être été im-
prudent de confier à d'autres, mais on ne
voulait pas se créer des ennemis inutiles pour
lui complaire.

Malheureusement, la triste et sombre affaire
de Margueritte vint jeter la panique et la dés-

organisation dans tous les esprits. Le caïd, heureux de l'occasion, dénonça Sidi Bou Chakour comme fanatique et dangereux. Et un jour le vieillard partit, menottes aux mains, pour la lointaine Taâdmit dont le nom seul fait frémir les arabes d'Algérie.

Fier et résigné, le marabout répondit aux accusations perfides du caïd par un réquisitoire précis et impitoyable contre son accusateur, contre celui que la France avait envoyé parmi eux pour la faire aimer et respecter et qui, au contraire, la faisait haïr en commettant des iniquités en son nom.

Dans le tumulte provoqué par l'affaire de Margueritte, la voix du marabout se perdit et il accepta son sort avec la résignation simple et sans faiblesse du vrai musulman.

Là-bas, dans les montagnes qui dominent les Hauts-Plateaux, avec tant d'autres internés, Sidi Bou Chakour, qu'aucun tribunal n'avait jugé ni condamné, travailla comme un forçat, coucha à terre par un froid glacial, sans même un couvre-pied, mangeant pour toute nourriture un demi-pain d'une livre et demie par jour...

Quand son mari fut parti pour le douloureux exil, la vieille Aouda, accablée de chagrin, fut cruellement traquée par le caïd *moderne* au bagout parisien, aux manières si singulièrement distinguées. Spoliée de son petit avoir sous prétexte que Sidi Bou Chakour n'avait point de titre régulier de propriété, Aouda dut se réfugier avec l'infirme chez des fellah. Les Ouled-Fakroun et toute la tribu murmurèrent, mais, craignant la vengeance du « *caïd roumi* », ils se turent et courbèrent la tête.

Les mois passèrent. La vieille femme pieuse s'éteignit bientôt, inconsolée. Quand, relâché sur l'intervention d'un fonctionnaire d'Alger, brave homme de sens droit, Sidi Bou Chakour revint à Taourirt, c'était un vieillard caduc à l'incertaine démarche, au regard perdu. Il trouva sa petite terre passée en d'autres mains, son gourbi délabré, sa vieille compagne morte, et son palmier-doum à l'ombre duquel il aimait jadis s'asseoir, abattu.

Serein et résigné, sans une révolte, le vieux marabout s'accroupit sous le lentisque de la djemâa et attendit, en priant Dieu et en demandant l'aumône en son nom, que l'heure prédestinée sonnât.

Sidi Bou Chakour mourut peu de temps après son retour de Taâdmit, entouré de la vénération des fellah pauvres et naïfs de la forka des Ouled-Fakroun. On l'enterra près de l'Ansar-ed-Dêm ; sa sépulture devint un lieu de pèlerinage pour les bédouins des environs, car le saint homme, sans orgueil, les avait aimés et conseillés.

FEMMES

LE PORTRAIT DE L'OULED-NAIL

Exposé aux regards curieux des étrangers, dans toutes les vitrines de photographes, il est un portrait de femme du Sud au costume bizarre, au visage impressionnant d'idole du vieil Orient ou d'apparition... Visage d'oiseau de proie aux yeux de mystère. Combien de rêveries singulières et peut-être, chez quelques âmes affinées, de presciences de ce Sud morne et resplendissant, a évoquées ce portrait d'« Ouled-Naïl » chez les passants qui l'ont contemplé, que son effigie a troublé ?

Mais qui connaît son histoire, qui pourrait supposer que, dans la vie ignorée de cette femme, d'un ailleurs à la fois si proche et si lointain, s'est déroulé un vrai drame humain, que ces yeux d'ombre, ces lèvres arquées ont souri au fantôme du bonheur ?

Tout d'abord, cette appellation d'« Ouled-Naïl » appliquée au portrait d'Achoura, ben Saïd est fallacieuse : Achoura, qui existe encore sans doute au fond de quelque gourbi bédouin, est issue de la race farouche des Chaouïya de l'Aurès.

Son histoire, mouvementée et triste, est l'une de ces épopées de l'amour arabe, qui se déroulent dans le vieux décor séculaire des mœurs figées et qui n'ont d'autres rapsodes que les bergers et les chameliers, improvisant, avec un art tout intuitif et sans artifices, des complaintes longues et monotones comme les routes du désert, sur les amours de leur race, sur les dévouements, les vengeances, les *nefra* et les *rezzou*.

Fille de bûcheron, Achoura avait longtemps poursuivi l'indicible rêve de l'inconscience en face des grands horizons bleus de la montagne et de ses sombres forêts de cèdres. Puis, mariée trop jeune, elle avait été emmenée par son mari dans la triste et banale Batna, ville de casernes et de masures, sans passé et sans histoire. Cloîtrée, en proie à l'ennui lourd d'une existence pour laquelle elle n'était pas née, Achoura avait connu toutes les affres du besoin inassouvi de la liberté. Répudiée bientôt, elle s'était fixée dans l'une des cahutes croulantes du Village-Nègre, complément obligé des casernes de la garnison.

Là, sa nature étrange s'était affirmée. Sombre et hautaine envers ses semblables et les clients en vestes ou en pantalons rouges, elle était secourable pour les pauvres et les infirmes.

Comme les autres pourtant, elle s'enivrait

d'absinthe et passait de longues heures d'attente assise sur le pas de sa porte, la cigarette à la bouche, les mains jointes sur son genou relevé. Mais elle conservait toujours cet air triste et grave qui allait si bien à sa beauté sombre, et, dans ses yeux au regard lointain, à défaut de pensée, brûlait la flamme de la passion.

Un jour, un fils de grande tente, Si Mohammed el Arbi, dont le père était titulaire d'un aghalik du Sud, remarqua Achoura et l'aima. Audacieux et beau, capable de passions violentes, le jeune chérif fit le bonheur de la Chaouïya, le seul bonheur qui lui fut accessible : âpre et mêlé de souffrance. Jaloux, blessé dans son orgueil par de basses promiscuités, Si Mohammed el Arbi souffrit de voir Achoura au Village-Nègre, à la merci des soldats. Mais l'en retirer eût été un scandale, et le jeune chérif craignait la colère paternelle...

Comme il arrive pour toutes les créatures d'amour, Achoura se sentit naître à une vie nouvelle. Il lui sembla n'avoir jamais vu le soleil dorer la crête azurée des montagnes et la lumière se jouer capricieusement dans les arbres touffus de la montagne. Parce que la joie était en elle, elle sentit une joie monter de la terre, comme elle alanguie en un éternel amour.

Achoura, comme toutes les filles de sa race, regardait le trafic de son corps comme le seul gage d'affranchissement accessible à la femme. Elle ne voulait plus de la claustration domestique, elle voulait vivre au grand jour et elle n'avait point honte d'être ce qu'elle était. Cela lui semblait légitime et ne gênait pas son amour pour l'élu, car l'idée ne lui vint même jamais d'assimiler leurs ineffables ivresses à ce qu'elle appelait du mot sabir et cynique de « coummerce »...

Achoura aima Si Mohammed el Arbi. Pour lui, elle sut trouver des trésors de délicatesse d'une saveur un peu sauvage.

Jamais personne ne dormit sur le matelas de laine blanche réservé au chérif et aucun autre ne reposa sa tête sur le coussin brodé où Si Mohammed el Arbi reposa la sienne... Quand il devait venir, elle achetait chez les jardiniers « roumis » une moisson de fleurs odorantes et les semait sur les nattes, sur le lit, dans toute son humble chambre où, du décor habituel des orgies obligées, rien ne restait... Le taudis qui abritait d'ordinaire tant de brutales ivresses et de banales débauches devenait un délicieux, un mystérieux réduit d'amour.

Impérieuse, fantasque et dure envers les hommes, Achoura était, pour le chérif, douce et soumise sans passivité. Elle était heureuse de le servir, de s'humilier devant lui, et ses façons de maître très despotique lui plaisaient.

Seule, la jalousie de l'aimé la faisait parfois cruellement souffrir. Les exigences de la condition d'Achoura blessaient bien un peu la délicatesse innée du chérif, mais il voulait bien, se faisant violence, les accepter, pour ne pas s'insurger ouvertement contre les coutumes, en affichant une liaison presque maritale. Mais ce qu'il craignait et ce dont le soupçon provoquait chez lui des colères d'une violence terrible, c'était l'*amour* des autres, c'était de la *sincérité* dans les relations d'Achoura avec les inconnus qui venaient quand le maître était absent. Il avait la méfiance de sa race et le soupçon le tourmentait.

Un jour, sur de vagues indices, il crut à une trahison. Sa colère, avivée encore par une sincère douleur, fut terrible. Il frappa Achoura et partit, sans un mot d'adieu ni de pardon.

Si Mohammed el Arbi habitait un *bordj* solitaire dans la montagne, loin de la ville. A pied, seule dans la nuit glaciale d'hiver, Achoura alla implorer son pardon. Le matin, on la trouva devant la porte du *bordj* affalée dans la neige. Touché, Si Mohammed el Arbi pardonna.

Apre au gain et cupide avec les autres, Achoura était très désintéressée envers le chérif ; elle préférait sa présence à tous les dons.

Un jour, le père du jeune homme apprit

qu'on parlait de la liaison de son fils avec une femme du village.

Il vint à Batna et, sans dire un mot à Si Mohammed el Arbi, obtint l'expulsion immédiate d'Achoura.

Eplorée, elle se réfugia dans l'une des petites boutiques de la rue des Ouled-Naïl, dans la tiédeur chaude et odorante de Biskra.

Malgré son père, Si Mohammed el Arbi profita de toutes les occasions pour courir revoir celle qu'il aimait. Et, comme ils avaient souffert l'un pour l'autre, leur amour devint meilleur et plus humain.

... Aux heures accablantes de la sieste, accoudée sur son matelas, Achoura se perdait en une longue contemplation des traits adorés, reproduits par une photographie fanée qu'elle couvrait de baisers... Ainsi, elle attendait les instants bénis où il venait auprès d'elle et où ils oubliaient la douloureuse séparation.

Mais, le bonheur d'Achoura ne fut pas de longue durée. Si Mohammed el Arbi fut appelé à un caïdat opulent du Sud et partit, jurant à Achoura de la faire venir à Touggourt, où elle serait plus près de lui.

Patiemment, Achoura attendit. Les lettres du caïd étaient sa seule consolation, mais bientôt elles se firent plus rares. Si Mohammed el Arbi, dans ce pays nouveau, dans cette vie nouvelle si différente de l'ancienne toute d'inaction et de rêve, s'était laissé griser par d'autres ivresses et captiver par d'autres yeux. Et le jour vint où le caïd cessa d'écrire... Pour lui, la vie venait à peine de commencer. Mais, pour Achoura, elle venait de finir.

Quelque chose s'était éteint en elle, du jour où elle avait acquis la certitude que Si Mohammed el Arbi ne l'aimait plus. Et, avec cette lumière qui était morte, l'âme d'Achoura avait été plongée dans les ténèbres. Indifférente désormais et morne, Achoura s'était mise à boire, pour oublier. Puis elle revint à Batna, attirée sans doute par de chers souvenirs. Là, dans les bouges du village, elle connut un spahi qui l'aima et qu'elle subjugua sans qu'il lui fut cher. Alors, comme le spahi avait été libéré, elle vendit une partie de ses bijoux, ne gardant que ceux qui lui avaient été donnés par le chérif. Elle donna une partie de son argent à des pèlerins pauvres partant pour La Mecque et épousa El Abadi qui, joueur et ivrogne, ne put se maintenir dans la vie civile et rengagea.

Achoura rentra dans l'ombre et la retraite du foyer musulman, où elle mène désormais une vie exemplaire et silencieuse.

Elle s'est réfugiée là pour songer en toute liberté à Si Mohammed el Arbi, le beau chérif qui l'a oubliée depuis longtemps et qu'elle aime toujours.

FIANCÉE

Mohammed passa sa main droite sur sa fine barbe naissante.

— Tiens, dit-il, solennellement, que l'on me rase celle-ci et que je devienne semblable à une femme, si je ne tiens pas parole, et si je ne te fais pas entrer sous la tente de mon père, ô Emmbarka ! Si je t'oublie, que mes deux yeux deviennent aveugles et que je finisse ma vie en mendiant au nom de Dieu !

Emmbarka, affalée sur le lourd *ferach* (tapis de lit) multicolore, pleurait lentement.

Son corps avait la sveltesse gracile de la jeunesse, et son visage ovale, à la peau ambrée et veloutée, était d'une fraîcheur charmante. Ses yeux, très longs et très noirs, étaient rougis par les larmes qu'elle ne cessait de verser depuis la veille, quand Mohammed était venu lui annoncer son départ pour le Sud-Oranais, avec le goum de sa tribu.

— Oui, tu dis cela maintenant, et puis tu vas partir pour la guerre, et si même Dieu te ramène vivant, tu auras oublié Emmbarka, la pauvre Emmbarka, qui n'est rien !

Mohammed se pencha vers elle et l'enlaça, essuyant tendrement ses larmes.

— Ne pleure pas, la vie et la mort, et le cœur de l'homme sont entre les mains de Dieu. Quant à moi, je n'ai qu'une parole, et Dieu me maudisse, si j'oublie les serments du jour présent ! Pour toi, j'ai laissé dans l'abandon ma femme, mère de mon fils, et j'ai été sans cesse tracassé par mon père... Reste en paix, Emmbarka, et attends mon retour, en comptant sur Dieu et sur moi !

Comme il allait s'attendrir, Mohammed se leva et sortit brusquement : il ne convenait pas à un homme, à un djouad (noble), de pleurer devant une femme.

Et Emmbarka demeura seule dans sa misérable chambre, boutique blanchie à la chaux, dans l'une des ruelles boueuses et désertes d'Aflou.

Quelques mois auparavant, comme il chassait dans la montagne, Mohammed ould Abdel Kader, fils d'une des plus grandes tentes du Djebel Amour, avait rencontré Emmbarka près d'un *redir* (1) où elle emplissait sa grande amphore de terre cuite. A peine nubile, sous ses haillons de nomade, Emmbarka était déjà belle et Mohammed l'avait convoitée. Elle

(1) Flaque d'eau dans les terres argileuses.

avait cédé, avec la passiveté des filles de sa race : Mohammed était beau, jeune, de haute lignée et généreux, de cette insouciante générosité arabe qui touche à la prodigalité.

Comme il rentrait à Aflou, elle l'avait suivi, s'installant parmi les filles de joie dont les robes aux couleurs éclatantes jettent leur note gaie sur le fond de pierre grise, de terre rosée et de verdure sombre de cette minuscule capitale prostituée traditionnellement.

Et Mohammed, quittant la tente paternelle sous tous les prétextes imaginables, venait la rejoindre, obstinément, malgré la colère de son père et les remontrances de tous les notables musulmans.

Entre Mohammed et Emmbarka était né un de ces étranges amours, violent et tendre à la fois, comme il y en a tant entre Arabes de sang noble, de situation en vue, et prostituées obscures.

Mohammed comblait sa maîtresse de cadeaux, s'endettant pour elle, bravant avec une rare audace les suites de sa conduite.

L'ordre de partir avec le goum de son oncle le caïd avait surpris Mohammed en plein rêve. Il obéissait, à contre-cœur ; quelques mois auparavant il fût parti heureux, plein d'entrain et d'orgueil : pour lui, c'était la guerre, sous son aspect attirant et grisant de grande fantasia dangereuse.

*
* *

... Le soleil se levait à peine, tout rouge, au-dessus des collines pierreuses, colorées de teintes virginales, d'un rose pâle, infiniment limpide. Le premier vent frais d'automne murmurait dans les peupliers argentés, le long des avenues françaises.

Les nomades en burnous blancs ou noirs, encapuchonnés, défilèrent sur leurs maigres petits chevaux ardents.

Ils étaient fiers de leurs cartouchières et de leurs fusils, les goumiers, et ils traversèrent sans nécessité toute la ville, attirant les femmes mal éveillées sur le seuil de leurs portes. Et c'étaient des adieux sans fin, des plaisanteries échangées au passage, avec les belles tatouées.

Mohammed excitait à plaisir son bel étalon bai qui bondissait joyeusement à la tête du goum. Avec sa veste bleu de ciel, toute chamarrée d'or, ses bottes rouges et ses burnous de fine soie blanche, le nomade avait grand air. Son *lithoua* de mousseline immaculée encadrait son visage régulier et pur, aux méplats de bronze poli, et adoucissait d'une ombre légère l'éclat superbe de ses yeux roux.

Devant la porte d'Emmbarka, il s'arrêta et se penchant sur sa selle en peau de panthère brodée d'argent, il dit un adieu ému et discret à Emmbarka qui attendait là depuis l'aube, parée et immobile comme une idole sous ses mousselines transparentes et ses foulards de brocart.

Pâle et soucieuse, elle lui sourit et le suivit des yeux, tant qu'il fut en vue, caracolant parmi ses hommes, sur le plateau grisâtre que les thuyas piquaient de taches sombres.

*
* *

Les jours et les semaines s'écoulèrent, monotones pour Emmbarka, pleins d'imprévu d'abord pour Mohammed, puis voilés de lourd ennui.

En effet, il avait vite éprouvé une grande désillusion : au lieu des escarmouches rêvées, des coups de fusil et des exploits de guerre, il avait été astreint à de longues marches lentes, sans charme, sur les pistes désertes de l'extrême sud, à la suite des convois de chameaux.

Pas la moindre attaque, seuls quelques coups de fusil entendus de loin, parfois.

Les goumiers impatients descendirent jusqu'à Beni-Abbès sans encombre. Puis, on les envoya à Béchar : là, sûrement, la poudre parlerait. Il n'en fut rien, et ils rentrèrent mécontents et las. Puis, ce fut vers Ich et Attatiale qu'on les lança. On parlait d'une *harka* importante de Beni-Guil à poursuivre... Les goumiers trouvèrent, après des marches forcées dans la montagne et la brousse, une quinzaine de tentes délabrées et pouilleuses, quelques vieillards impotents et des femmes qui se jetaient à leurs pieds en se lamentant et en demandant du pain.

Le soir, autour des feux clairs, dans leurs campements de hasard, les cavaliers du Djebel Amour commençaient à murmurer : décidément, ou bien les roumis avaient peur des bandits de l'ouest, ou bien ils ne savaient pas faire la guerre, puisqu'ils n'attaquaient pas, perdant le temps en marches inutiles !

Les nomades primitifs ne comprenaient rien à cette guerre moderne, doublée de politique, à cette « police » pacifique en plein territoire étranger. Si on les avait laissé faire, eux, c'eût été bien autre chose : puisque c'étaient les Beni-Guil, les Doui-Ménia dissidents, les terribles Ouled-Djerir et les insaisissables Beraber qu'on devait combattre, ils les auraient cherchés et exterminés, jusqu'au fond du Tafilala !

*
* *

Comme le goum rentrait de Béchar, par une journée brumeuse et froide, il s'engagea dans un défilé pierreux, entouré de collines peu élevées, arides.

Les chevaux fatigués avançaient lentement, la tête basse. C'était le ramadhan, et les goumiers, que le jeûne rendait maussades, se taisaient, roulés dans leurs burnous poudreux.

Brusquement, deux ou trois coups de feu crépitèrent dans le silence. Un cheval s'abattit.

L'officier arrêta le convoi et les goumiers firent face au coteau déchiqueté où devait être l'ennemi invisible.

Le feu recommença, habile, meurtrier. Les goumiers ripostaient avec entrain, mais leurs balles devaient se perdre inutilement dans les rochers, tandis qu'ils étaient vus, donc fusillés à coup sûr.

Bien peu d'entre les cinquante goumiers du Djebel Amour s'échappèrent, avec leur officier français blessé, du sinistre défilé.

Bou Hafs, le cousin de Mohammed, ne l'avait pas quitté un instant. Le cœur du nomade bondissait de joie et d'émotion : enfin, c'était la guerre, la vraie guerre, et il tirait comme les autres, au hasard, criant des injures aux bandits, aux lâches qui n'osaient se montrer.

Quand Mohammed, la poitrine traversée par une balle, roula sur le sol pierreux, le goum fuyait. Bou Hafs sauta à terre, saisit le corps de son cousin et le jeta en travers de sa selle. Puis, remontant à cheval, sous une grêle de plomb, il rejoignit le goum au galop.

— Les chiens ne se moqueront pas du fils d'Abdel Kader ! dit Bou Hafs.

Et Mohammed dormit son dernier sommeil sur le bord de la route de Béchar, dans la terre rouge.

*
* *

Le soir d'hiver tombait, fuligineux sur Aflou. Une vingtaine de cavaliers loqueteux passèrent au grand trot sur leurs chevaux fourbus. Sombres, ils répondaient à peine aux questions des femmes accourant en masse, vol gracieux de papillons multicolores.

Emmbarka, pâlie et maigrie, questionna du geste Bou Hafs qui passait, silencieux, drapé dans son grand burnous noir tout en lambeaux.

— Dieu lui accorde sa miséricorde ! et Bou Hafs continua son chemin, sans même se retourner au long cri de bête blessée d'Emmbarka. Elle se déchirait le visage, affolée à terre, devant sa porte, repoussant les femmes qui essayaient de la consoler...

*
* *

Emmbarka, parée de soie rose et de foulards lamés d'or, sous ses longs voiles de mousseline brodée, glisse sur les dalles, tandis que ses hanches ondulent voluptueusement.

Sur un banc, une « ghaïta » criarde jette sa note de grande tristesse sauvage, soutenue par le battement sonore des tambourins. Et Emmbarka récolte des pièces blanches que les hommes lui glissent entre les lèvres.

En attendant que quelque spahi ou quelque bédouin l'appelle pour une nuitée d'amour, elle retourne ensuite à son banc. Mais son œil est sombre, ses lèvres sans sourire : elle se souvient toujours du beau Mohammed, l'amant élu qui dort là-bas dans le Moghrib lointain (1).

Aflou, décembre 1903.

(1) Nous avons trois versions de cette nouvelle. *Deuil*, parut à la Dépêche algérienne en 1904. *Danseuse* figure aux « Notes de Route ». *Fiancée* est le premier état du récit, avec un début qui manque aux deux autres formes.

TAALITH

Elle se souvenait, comme d'un rêve très beau, de jours plus gais sur des coteaux riants que dorait le soleil, au pied des montagnes puissantes que des gorges profondes déchiraient, ouvraient sur la tiédeur bleue de l'horizon... Il y avait là-bas de grandes forêts de pins et de chênes-lièges, silencieuses et menaçantes, et des taillis touffus d'où montait une haleine chaude dans la transparence des automnes, dans l'ivresse brutale des printemps...

Il y avait des myrtes verts et des lauriers-roses étoilés au bord des oueds paisibles, à travers les jardins de figuiers et les oliveraies grises... Les fougères diaphanes jetaient leur brume légère sur les coulées de sang des rochers éventrés, près des cascades de perles, et les torrents roulaient, joyeux au soleil, ou hurlaient dans l'effroi des nuits d'hiver.

Petite bergère libre et rieuse, elle avait joué là, dans le bain continuel de la bonne lumière vivifiante, les membres robustes, presque nus, au soleil...

Puis elle songeait avec un frisson retrouvé aux épousailles magnifiques, quand on l'avait donnée à Rezki ou Said, le beau chasseur qu'elle aimait.

Et il lui semblait, dans le recul du souvenir, que ces jours révolus avaient tous été sans trouble et sans tristesse, que tout s'enivrait alors de son ivresse.

Puis, les heures noires étaient venues...

Brusquement, tout avait été brisé, rasé, dissipé, comme le vent disperse un tourbillon courant sur la route ensoleillée. Une nuit, des voleurs de chevaux avaient tué Reski d'un coup de fusil... Ç'avait été le deuil affreux de toute sa chair arrachée, la folie des vêtements déchirés, des joues griffées, sanglantes sous les cheveux épars. Elle avait hurlé, comme les femelles sauvages de la montagne, sous la morsure du plomb... Après, son père s'était éteint, durant un hiver glacé, de misère et d'épouvante, comme la tempête amoncelait les lourdeurs de la neige sur le gourbi chancelant... Quelques mois après, Zouïna, la mère de Taalith, épousait un marchand qui les emmenait toutes deux à Alger.

Et maintenant, Taalith était captive là, dans cette cour mauresque fermée comme une prison de hautes murailles peintes en bleu pâle, entourées de colonnades de cloître, au milieu de toute l'oppression inquiétante du vieil Alger turc et maure, tout d'obscurité et de méfiance farouche... Elle étouffait là, dans cette ombre délétère, parmi des femmes qui parlaient une autre langue et qui l'appelaient dédaigneusement la Kakyle.

Là, une nouvelle torture avait commencé : son beau-père voulait la remarier, la donner à son associé, vieux et laid.

La chair d'amoureuse de Taalith se révolta contre l'union sénile, et elle refusa, farouche.

— J'aime Rezki ! repondait-elle à sa mère quand elle lui parlait de sa jeunesse et de sa beauté, pour la décider.

Et c'était vrai. Elle aimait l'époux amant mort, celui dont sa chair gardait le souvenir douloureusement doux.

Mais, devant l'insistance énervante de sa mère et la brutalité de son beau-père qui la battait cruellement, Taalith sentit l'inutilité de la lutte sans issue. Et puis, n'aimait-elle pas le mort, ne lui était-elle pas fidèle, ne se sentait-elle pas seule et incapable d'un nouvel amour ?

Son visage brun aux longs yeux de caresse triste, au front tatoué et à la bouche tendre se raidit, se tira en une maigreur maladive. Une flamme étrange s'alluma dans son regard assombri.

Un jour, elle dit à son beau-père :

— Puisque c'est écrit, j'obéirai... Puis, toujours plus silencieuse et plus pâle, elle attendit.

*
* *

C'était la veille du jour où devaient commencer les fêtes nuptiales. La nuit avait peu à peu assoupi les bruits des nichées pauvres de la maison. Taalith et Zouïna étaient seules.

— Mère, dit Taalith avec un étrange sourire, je veux que tu m'habilles et que tu me pares, comme je serai demain, pour voir si je serai au moins belle, moi dont les yeux sont morts à force de pleurer!

Zouïna, heureuse de ce qu'elle croyait un renouveau de joie enfantine, se hâta de passer à Taalith les fines chemises de gaze lamée, les gandouras de soie claire, les foulards chatoyants... puis elle la chargea de tous ses bijoux kabyles : sur sa tête aux longs cheveux teints, elle attacha le diadème d'argent orné de corail. Au cou nu et pur, elle enroula les colliers de verre, de pièces d'or et de corail, par-dessus le lourd gorgerin ciselé. Elle serra la taille souple dans la large ceinture d'argent et chargea les poignets ronds de bracelets, les chevilles frêles de *khalkkàl* chantants. Un collier de pâte odorante et durcie enveloppa le corps de Taalith d'une senteur chaude.

Puis, Zouïna, accroupie à terre, admira Taalith.

— Tu es belle, œil de gazelle ! répétait-elle.

Taalith avait pris son miroir. Elle se regarda longtemps, comme en extase, si longtemps que Zouïna s'endormit.

Alors, retirant ses *khalkhal* sonores, Taalith sortit dans la cour toute blanche dans la lueur oblique de la lune, glissant sur le dallage, laissant les colonnades dans l'ombre bleue.

Comme en rêve, Taalith murmura : « Il doit être tard ! »

Enfiévrée, tremblante, elle appuya son front brûlant contre le marbre froid d'une colonne... Une insupportable douleur serrait sa gorge, un sanglot muet qui la secouait toute, sans une larme.

Les ornements de corail de son diadème eurent un faible cliquetis contre la pierre... Alors Taalith tressaillit, se redressa, très pâle.

Dans un coin, le vieux puits maure sommeillait, abîme étroit et sans fond.

Elle se pencha un instant sur le mystère noir du trou... Puis, elle monta sur la margelle usée. Un instant, elle apparut ainsi, toute droite dans la gloire lunaire, comme une idole argentée.

Elle ferma les yeux, un murmure pieux

d'Islam remua ses lèvres, et elle se laissa tomber, dans l'ombre d'en dessous, avec un frôlement de soie, un cliquetis de bijoux. Un choc mat, un clapotis lointain : l'eau noire, le monstre, léchait les parois gluantes... Puis, tout se tut.

Taalith, parée en épousée, avait disparu. Tous l'accusèrent de s'être enfuie pour aller se prostituer dans les bouges de la Casbah.

Mais Zouïna, hagarde, vieillie, devina la vérité et supplia qu'on la descendit dans le puits au bout d'une corde. Devant cette incessante prière qui semblait de la folie, l'autorité fit murer le puits. Alors, Zouïna s'arracha les ongles et la chair des mains contre la pierre, hurlant pendant des jours le nom chéri : Taalith !

On chercha au dehors, en vain. Alors, on rouvrit le gouffre, un homme descendit, trouva Taalith qui flottait...

On ramena le cadavre sur les dalles blanches, et le soleil discret du soir ralluma des lueurs roses sur les bijoux enserrant encore les chairs boursouflées, verdâtres, toute l'immonde pourriture qui avait été Taalith...

PLEURS D'AMANDIERS

A Maxime Noiré, le peintre des horizons en feu et des amandiers en pleurs.

Bou-Saâda, la reine fauve vêtue de ses jardins obscurs et gardée par ses collines violettes, dort, voluptueuse, au bord escarpé de l'oued où l'eau bruisse sur les cailloux blancs et roses. Penchés comme en une nonchalance de rêve sur les petits murs terreux, les amandiers pleurent leurs larmes blanches sous la caresse du vent... Leur parfum doux plane dans la tiédeur molle de l'air, évoquant une mélancolie charmante...

C'est le printemps et, sous ces apparences de langueur, de fin attendrie des choses, la vie couve, violente, pleine d'amour et d'ardeur, la sève puissante monte des réservoirs mystérieux de la terre, pour éclore bientôt en une ivresse de renouveau.

Le silence des cités du Sud règne sur Bou-Saâda et, dans la ville arabe, les passants sont rares. Dans l'oued pourtant, circulent parfois des théories de femmes et de fillettes en costumes éclatants.

Mlahfa violettes, vert émeraude, rose vif, jaune citron, grenat, bleu de ciel, orange, rouges ou blanches brodées de fleurs et d'étoiles multicolores... Têtes coiffées du lourd édifice de la coiffure saharienne, composée de tresses, de mains d'or ou d'argent, de chaînettes, de petits miroirs et d'amulettes, ou couronnées de diadèmes ornés de plumes noires. Tout cela passe, chatoie au soleil, les groupes se forment et se déforment en un arc-en-ciel sans cesse changeant, comme des essaims de papillons charmants.

Et ce sont encore des groupes d'hommes vêtus et encapuchonnés de blanc, aux visages graves et bronzés, qui débouchent en silence des ruelles ocreuses....

Depuis des années, devant une masure en boue séchée au soleil ami, deux vieilles femmes sont assises du matin au soir. Elles portent des *mlahfa* rouge sombre, dont la laine épaisse forme des plis lourds autour de leur corps de momies. Coiffées selon l'usage du pays, avec des tresses de laine rouge et des tresses de cheveux gris teints au henna en orangé vif, elles portent de lourds anneaux dans leurs oreilles fatiguées, que soutiennent des chaînettes d'argent agrafées dans les mouchoirs de soie de la

coiffure. Des colliers de pièces d'or et de pâte
aromatique durcie, de lourdes plaques d'argent
ciselé couvrent leurs poitrines affaissées ; à
chacun de leurs mouvements rares et lents, toutes ces parures et les bracelets à clous de leurs
chevilles et de leurs poignets osseux, tintent.

Immobiles comme de vieilles idoles oubliées,
elles regardent à travers la fumée bleue de leurs
cigarettes, passer les hommes qui n'ont plus
un regard pour elles, les cavaliers, les cortèges
de noces, les caravanes de chameaux ou de
mulets, les vieillards caducs qui ont été leurs
amants, jadis... tout ce mouvement de la vie qui
ne les touche plus.

Leurs yeux ternes, démesurément agrandis
par le « kehol », leurs joues fardées quand
même, malgré les rides, leurs lèvres rougies,
tout cet apparat jette comme une ombre sinistre
sur ces vieux visages émaciés et édentés.

... Quand elles étaient jeunes, Saâdia, à la
fine figure aquiline et bronzée, et Habiba, blanche et frêle, charmaient les loisirs des Bou-Saa-
di et des nomades.

Maintenant, riches, parées du produit de
leur rapacité d'antan, elles contemplent en paix
le décor chatoyant de la grande cité où le Tell
se rencontre avec le Sahara, où les races d'A-
frique viennent se mêler. Et elles sourient...
à la vie qui continue immuable et sans elles, ou
à leurs souvenirs... qui sait ?

Aux heures où la voix lente et plaintive des moueddhen appelle les croyants, les deux amies se lèvent et se prosternent sur une natte insouillée, avec un grand cliquetis de bijoux. Puis elles reprennent leur place et leur songerie, comme si elles attendaient quelqu'un qui ne vient pas...

Rarement, elles échangent quelques paroles.

— Regarde, ô Saâdia, là-bas, Si Châlal, le cadi... Te souviens-tu du temps où il était mon amant ? Quel fringant cavalier c'était alors! Comme il enlevait adroitement sa jument noire ! Et comme il était généreux, quoique simple adel encore. A présent, il est vieux... Il lui faut deux serviteurs pour le faire monter sur sa mule aussi sage que lui, et les femmes n'osent plus le regarder en face... lui dont je mangeais les yeux de baisers !

— Oui... Et si Ali, le lieutenant, qui, simple spahi, était venu avec Si Châlal, et que j'ai tant aimé ? T'en souviens-tu ? Lui aussi, c'était un cavalier hardi et un joli garçon.... Comme j'ai pleuré, quand il est parti pour Médéah ! Lui, il riait, il était heureux ; on venait de le nommer brigadier et il m'oubliait déjà... Les hommes sont ainsi... Il est mort l'an dernier.... Dieu lui accorde sa miséricorde !

Parfois, elles chantent des couplets d'amour qui sonnent étrangement dans leurs bouches à la voix chevrotante, presque éteinte déjà.

Et elles vivent ainsi, insouciantes, parmi les fantômes des jours passés, attendant que l'heure sonne.

...Le soleil rouge monte lentement derrière les montagnes drapées de brume légère. Une lueur pourpre passe à la face des choses, comme un voile de pudeur. Les rayons naissants sèment des aigrettes de feu à la cime des dattiers et les coupoles d'argent des marabouts semblent en or massif. Pendant un instant, toute la vieille ville fauve flambe, comme calcinée par une flamme intérieure, tandis que les dessous des jardins, le lit de l'oued, les sentiers étroits demeurent dans l'ombre, vagues, comme emplis d'une fumée bleue qui délaye les formes, adoucit les angles, ouvrant des lointains de mystère entre les petits murs bas et les troncs ciselés des dattiers... Sur le bord de la rivière, la lueur du jour incarnadin teinte en rose les larmes éparses, figées en neige candide, des amandiers pensifs.

Devant la demeure des deux vieilles amies, le vent frais achève de disperser la cendre du foyer éteint, qu'elle emporte en un petit tourbillon bleuâtre. Saâdia et Habiba ne sont pas à leur place accoutumée.

A l'intérieur, une plainte tantôt rauque tantôt stridente monte. Autour de la natte sur laquelle Habiba est couchée, tel un informe

paquet d'étoffe rouge, sur l'immobilité raide
duquel les bijoux scintillent étrangement, Saâdia et d'autres amoureuses d'antan, se lamen-
tent, se déchirant le visage à grands coups
d'ongles. Et le cliquetis des bijoux accompagne
en cadence la plainte des pleureuses.

A l'aube, Habiba, trop vieille et trop usée,
est morte sans agonie, bien doucement, parce
que le ressort de la vie s'était peu à peu brisé
en elle.

... On lave le corps à grande eau, on l'en-
toure de linges blancs sur lesquels on verse des
aromates, puis, on le couche le visage tourné
vers l'Orient. Vers midi, des hommes viennent
qui emportent Habiba vers l'un des cimetières
sans clôture où le sable du désert roule libre-
ment sa vague éternelle contre les petites pierres grises, innombrables.

.C'est fini... Et Saâdia, seule désormais, a
repris sa place. Avec la fumée bleue de son
éternelle cigarette achève de s'exhaler le peu
de vie qui reste encore en elle, tandis que sur
les rives de l'oued ensoleillé et dans l'ombre
des jardins, les amandiers finissent de pleurer
leurs larmes blanches, en un sourire de tristesse printanière...

Bou-Saâda, le 3 février 1903.

NOMADES

CAMPEMENT

Le jour d'hiver se levait, pâle, grisâtre sur la hammada pierreuse. A l'horizon oriental, au-dessus des dunes fauves de la Zousfana, une lueur sulfureuse pâlissait les lourdes buées grises. Les arêtes sèches, les murailles abruptes des montagnes se détachaient en teintes neutres sur l'opacité du ciel morne.

La palmeraie de Beni-Ounif, transie, aux têtes échevelées, s'emplissait de poussière blafarde, et les vieilles maisons en toub du ksar émergeaient, jaunâtres, de l'ombre lourde de la vallée, au delà des grands cimetières désolés.

Une tristesse immense planait sur le désert, terne, dépouillé de sa parure splendide de lumière.

Dans la vallée, autour des chevaux entravés couverts de vieilles couvertures en loques, des chameaux couchés, goumiers et *sokhar* s'éveillaient. Un murmure montait des tas de burnous terreux, roulés sur le sol, parmi les bissacs noirs et blancs, les « tellis » en laine et toute la confusion des pauvres bagages nomades. Le rauquement plaintif des chameaux bousculés couvrait ces voix humaines, au réveil maussade.

En silence, sans entrain, des hommes se levaient pour allumer les feux. Dans l'humidité froide, les *djerid* secs fumaient, sans la gaîté des flammes.

Depuis des mois, abandonnant leurs douars, les nomades marchaient ainsi dans le désert, avec les convois et les colonnes, poussant leurs chameaux maigres dans la continuelle insécurité du pays sillonné de *djiouch* affamés, de bandes faméliques de coupeurs de routes, terrés comme des chacals guetteurs dans les défilés arides de la montagne.

Depuis des mois, ils avaient oublié la somnolente quiétude de leur existence de jadis, sans autre souci que leur maigre pitance, et les éternelles querelles de tribu à tribu, que vidaient quelques coups de fusil, sans écho...

Maintenant, c'était l'hiver, le froid glacial, les nuits sans abri, près des brasiers fumeux, dans l'attente et l'incertitude d'un nouveau départ.

Avec la grande résignation de leur race, ils s'étaient faits à cette vie, la subissaient, parce que, comme tout ici bas, elle venait de Dieu.

Des voisinages de hasard, des amitiés étaient

nées, de ces rapides fraternités d'armes, écloses un jour, et sans lendemain.

Et c'étaient des petits groupes d'hommes qui attachaient leurs chevaux ensemble, ou qui poussaient leurs chameaux vers le même coin du camp, qui mangeaient dans la même grande écuelle de bois, et mettaient en commun les intérêts peu compliqués de leur vie : achats de denrées, soins des bêtes — leur seule fortune — et, le soir, longues veillées autour du feu, passées à chanter les cantilènes monotones du bled natal, souvent lointain, et à jouer du petit *djouak* en roseau. Les uns étaient des *Amour* d'Aïn-Sefra, d'autres des *Hamyan* de Méchéria, des *Trafi* de Géryville. Quelques-uns, poètes instinctifs et illettrés, improvisaient des mélopées sur les événements récents, disant la tristesse de l'exil, les dangers sans cesse renaissants, l'âpreté du *pays de la poudre*, les escarmouches si nombreuses qu'elles ne surprenaient ni n'inquiétaient plus personne, devenant chose accoutumée...

Et il y avait, au fond de tous ces chants, l'immense insouciance de tout, qui était la tente en leurs cœurs simples, et qui les rendait braves.

Parfois, des *nefra* éclataient entre gens de tribus ou même de tentes différentes... Alors, souvent, le sang coulait.

...Le vent glacé balaya brusquement le camp

des « Trafi », soulevant des tourbillons de poussière et de fumée, faisant claquer la toile tendue du *marabout* blanc du chef de goum, ornée d'un fanion tricolore.

La silhouette de l'officier français passa... Placide, les mains fourrées dans les poches de son pantalon de toile bleue, la pipe à la bouche, il inspectait hommes et bêtes, distraitement.

Autour d'un feu, trois goumiers et un *sokhar* Hamyani parlaient avec véhémence, quoique bas. Leurs visages de gerfaut aux yeux d'ombre et aux dents de nacre se penchaient, attentivement, et la colère agitait leurs bras maigres : la veille au soir, l'un d'eux, Abdallah ben Cheikh s'était pris de querelle avec un chamelier marocain des « Doui-Ménïa » campés sur la hauteur, près du village.

Hammou Hassine, un très vieux dont une barbe neigeuse couvrait le masque brûlé et maigre, murmura :

— Abdallah... les nuits sont noires et sans lune. De nos jours la poudre parle souvent toute seule... On ne sait jamais.

Tout de suite, l'excitation des nomades tomba. Des sourires à dents blanches illuminèrent l'obscurité de leurs visages.

Ils achevèrent de boire le café, puis ils se levèrent, secouant la terre qui alourdissait leurs burnous. Lentement, paresseusement, ils vaquèrent aux menus soins du camp ; ils suspendirent les vieilles musettes de laine rouge au cou des chevaux, ils étendirent de la menue paille fraîche devant leurs bêtes, firent un pansage sommaire au cheval gris de l'officier. Quelques-uns commencèrent des reprises aux harnachements, à leurs burnous. D'autres montèrent au village, pour d'interminables marchandages chez les juifs, et de longues beuveries de thé marocain dans les salles frustes des cafés maures.

Ils n'éprouvaient pas d'ennui, dans leur inaction forcée. Des chameaux grognèrent et se mordirent, un cheval se détacha et galopa furieusement à travers le camp. Deux hommes se disputèrent pour quelques brassées de paille...

Et ce fut tout, comme tous les jours, dans la monotonie des heures vides.

Abdallah ben Cheikh et le *sokhar* Abdeldjebbar ould Hada s'en allèrent lentement, la main dans la main, vers le lit desséché de l'oued.

Assis derrière une touffe de lauriers-roses, ils parlèrent bas, s'entendant pour la vengeance. Abdallah et Abdeldjebbar étaient devenus des amis inséparables. Très jeunes tous deux, très audacieux, ils avaient déjà poursuivi ensemble des aventures périlleuses d'amour, au douar du Makhzen, ou chez les belles *Amouriat* de Zenaga.

Ils demeurèrent ensemble le restant de la journée, inspectant soigneusement, sans en avoir l'air, le camp des « Doui-Ménia ».

Après un crépuscule de sang trouble, sous la voûte tout de suite noire des nuages, la nuit tomba, lourde, opaque. Le vent s'était calmé et ce fut bientôt le silence dans l'immensité vide d'alentour.

Dans les camps, on chantait encore, autour des feux qui s'éteignaient, jetant parfois leurs dernières lueurs roses sur les nomades couchés, roulés dans leurs burnous noirs ou blancs.

Puis, tout se tut. Les chiens seuls grognaient de temps en temps, comme pour se tenir éveillés.

Un coup de feu déchira le silence. Ce fut un grand tumulte, des *djerids* qui s'enflammaient, agités à bras tendus : on trouva le « Méniaï », près de ses chameaux, roulé à terre, la poitrine traversée.

Au camp des « Trafi », Abdallah ben Cheikh joignait ses questions à celles de ses camarades, tandis que, dans l'ombre, Abdeljebbar regagnait les chameaux de son père, entassés les uns près des autres, autour du brasier éteint.

L'enquête n'aboutit à rien. On enterra le
« Méniaï » dans le sable roux, et on amoncela
quelques pierres noires sur le tertre bas, que le
vent rasa en quelques jours.

Le siroco avait cessé de souffler et, dans les
jardins, la fraîcheur humide des nuits faisait
naître comme un pâle printemps, des herbes
très vertes sous les dattiers dépouillés de leur
moire de poussière grise.

Un grand mouvement régnait dans les camps
et au village : l'ordre de partir était arrivé.
Les goumiers « Trafi » et les « Amour » s'en
allaient à Béchar, avec une colonne. Les *sokhar*
descendaient vers le Sud, avec le convoi de
Beni-Abbès.

Accroupis en cercle dans les rues du village,
parmi les matériaux de construction et les
plâtras, les « mokhazni » en burnous bleus, les
spahis rouges et les nomades aux voiles fauves
partageaient tumultueusement des vivres et de
l'argent, avant de se séparer : ils liquidaient les
vies communes, provisoires.

Les *sokhar* et leurs *bach-hammar* poussaient
les chameaux dans l'espace nu qui sépare la
gare du chemin de fer des murailles grises de
la redoute et du bureau arabe.

Parfois, un cavalier passait au galop, jetant
l'épouvante et le désordre dans le groupe
compact de chameaux dont la grande voix

rauque et sauvage dominait tous les bruits.

Les nomades s'appelaient, se parlant de très loin, par longs cris chantants, par gestes échevelés.

·Et c'était un chaos de chameaux, de chevaux sellés, d'arabas grinçantes, de sacs, de caisses, de burnous claquant au vent, dans la poussière d'or tourbillonnant au soleil radieux...

Puis, le goum des « Trafi », avec ses petits fanions tricolores flottant au-dessus des cavaliers, tourna la redoute et s'en alla vers l'ouest.

Pendant un instant, on le vit, baigné de lumière, sur le fond sombre de la montagne... Puis, il disparut.

Lentement les chameaux chargés descendirent dans la plaine, en longue file noire, poussés par les *sokhar*.

Une compagnie de tirailleurs fila sur la gauche avec un piétinement confus, piquant le rouge des chechya et des ceintures sur la teinte bise de la tenue de campagne.

Les derniers chameaux disparurent dans la brume rose, sur la route de Djenan-ed-Dar, vers le Sud. Dans sa vallée aride, Beni-Ounif retomba au silence somnolent.

Les Nomades étaient partis, sans un regard de regret pour ce coin de pays où ils avaient vécu quelques semaines.

Sur l'emplacement désert des campements, des tas de cendre grise et des mon-
ceaux d'ordures attestaient seuls le séjour
de tous ces hommes qui, après avoir dormi, mangé, aimé, ri et tué ensemble, s'étaient
séparés, le cœur léger, peut-être pour toujours.

Beni-Ounif, novembre 1903.

MÉRIÉMA

Mériéma était venue planter sa tente noire à larges raies rouges dans le camp des « Amouriat », filles de sa tribu, aux pieds des hautes murailles fauves d'Oudarh'ir (1).

Elle avait seize ans. Grande, mince sous sa mlahfa bleu sombre, sa chair ambrée était encore souple et ferme. Son visage, encadré de nattes brunes, était obscur et beau. L'arc des sourcils magnifiait l'éclat des grands yeux roux, aux paupières teintes et, dans l'immobilité grave des traits, le sourire enfantin des lèvres sensuelles s'entr'ouvrait sur des dents larges et nacrées. Des cercles d'or étaient passés dans les lobes délicats de ses oreilles et, à ses poignets frêles, de larges anneaux d'argent brillaient d'un éclat terne, rehaussé par les larmes de sang des incrustations de corail.

Sous sa tente, il y avait un vieux coffre vert, à lourdes ferrures frustes, d'humbles usten-

(1) Un des sept ksour de l'agglomération de Figuig.

siles de ménage nomade et le lit — un grand tapis d'Aflou plié et quelques vieux coussins en laine.

Dans la grande pouillerie sauvage de ce quartier des prostituées de Figuig, Mériéma l'« Amouria » était l'unique, enviée de toutes.

De ses mains lentes, elle vaquait chaque jour aux soins de sa tente, puis, longuement, elle se parait, drapant ses loques de pauvresse sur son corps de reine.

Sous l'ombre bleuâtre de la tente, Mériéma s'asseyait, les jambes croisées, les mains abandonnées sur ses genoux.

Et, pendant des heures, elle attendait ainsi.

En face d'elle, un champ nu et poudreux, fauve, s'étendait jusqu'aux murs ocreux de la palmeraie humide de Zenaga. Là-bas, sous les dattiers sveltes, c'étaient les séguias murmurantes, les étangs obscurs où se reflétaient les troncs torses, les grandes frondaisons bleuâtres, et les régimes d'or, superbe fécondité de la terre âpre, de la poussière blonde qui reparaissait, plus près, brûlée par le soleil dévorateur.

Et les chameaux lents passaient...

FELLAH

VEILLÉE DE RAMADHAN

Toute la journée, l'œil morne, la tête courbée, les fellahs ont poussé leur petit grattoir, leur charrue en bois, encourageant d'un cri rauque leur attelage famélique.

Mais le soir s'approche. Le soleil rose descend vers les collines d'argile qui enserrent la vallée. Les buissons d'ar'ar étendent de longues ombres noires, serties de rouge, sur le sol irisé. Et les laboureurs, ragaillardis, s'en reviennent vers leurs *mechta* grises d'où s'élèvent de hautes colonnes, minces et à peine ondulées, de fumée bleue. Pieds nus, ils sont vêtus de gandouras terreuses, retenues à la taille par une ceinture de cuir ou de corde, et haut troussées sur leurs jambes musculeuses et velues. Sur leurs têtes rasées, abritant le visage bronzé au profil aquilin, ils portent un voile, un lambeau d'étoffe blanche, fixée par les cordelettes fauves. Ils sont pâles et leurs yeux sont cernés. — Louange à Dieu, disent-ils, l'heure est proche !

Groupés sur la terre battue, entre leurs gourbis au *diss* noirci par les hivers, ils attendent debout, dans le rayonnement d'or rose du couchant.

Mais le soleil a disparu, tout s'éteint, les choses prennent des teintes sévères, les lointains se voilent de brume, et le *fil noir* (1) de la nuit, s'étend à l'Orient.

Alors, de tous les points de l'horizon, sur la terre bédouine, une voix monte, lente, plaintive... Les burnous terreux ont un frémissement, et les larges poitrines se dilatent. Après un bref silence, la voix profuse, la voix immense reprend son rappel de l'unité divine. Alors, très vite, les hommes rentrent sous le toit surbaissé de leur gourbi. Là, autour des feux de bois vert qui irritent leurs beaux yeux d'ombre, les jeunes femmes en haillons servent ce repas tant attendu depuis l'aube, dans la fatigue du travail ingrat, les reins cassés, les pieds embourbés sur la terre détrempée.

Ils fument, ils boivent un peu de café et ils mangent, les laboureurs et les bergers

---

(1) C'est une erreur de croire que le jeûne doit être rompu quand on ne peut distinguer un fil noir d'un fil blanc. Le fil noir dont parlent les musulmans est la ligne d'ombre s'étendant à l'est au commencement de la nuit. (*Note de l'auteur.*)

bédouins ; et une lueur de joie adoucit leurs faces rudes. Une espérance renaît dans leur cœur habitué à redouter l'infortune sans cesse renaissante pour eux, les plus déshérités des hommes : peut-être Dieu aura-t-il pitié d'eux, cette année, peut-être la récolte sera-t-elle bonne, et les charges moins lourdes... *In châ Allah !*

Après le repas du *Magh'reb*, les hommes ressortent et vont se réunir dans un grand gourbi croulant qui sert de café maure. Là, les plus jeunes chantent, debout, par groupes se faisant face, aux sons cadencés et sourds des *guellal*... Par-ci par-là, le susurrement discret d'un flageolet de roseau vient ajouter sa note fluette d'immatérielle tristesse, plainte ou appel libre vers la vie errante, qui est le chant des bédouins.

Vers le milieu de la nuit, la gaîté tombe, et la lueur pâle des étoiles d'hiver éclaire vaguement les groupes grisâtres, assoupis. Puis, lentement, ils se lèvent et regagnent en silence leurs demeures, où les attendent les bédouines tatouées, aux attitudes d'idoles de jadis, qui leur servent le dernier repas, le *sehour*... Quelques cigarettes alanguissent encore la demi-somnolence de l'heure. Tout s'endort. Seuls la lamentation sauvage du chacal dans la montagne, le rauquement féroce des chiens vigilants et, par intervalles, le chant enroué du coq, viennent troubler le grand silence de la nuit plus froide et plus noire.

Et demain, dès l'aube maussade, sans boire, sans manger, sans même fumer, il faudra reprendre le dur labeur, la tête à la pluie transperçant les haillons, les pieds dans la boue gluante et glacée.

Noté au douar Hérenfa (Ténés).

FELLAH

La vie du fellah est monotone et triste, comme les routes poudreuses de son pays, serpentant à l'infini entre les collines arides, rougeâtres sous le soleil. Elle est faite d'une succession ininterrompue de petites misères, de petites souffrances, de petites injustices. Le drame est rare et quand, par hasard, il vient rompre la monotonie des jours, il est, lui aussi, réduit à des proportions très nettes et très minimes, dans la résignation ambiante, prête à tout.

Dans ce petit récit vrai, il n'y aura donc rien de ce que l'on est habitué à trouver dans les histoires arabes, ni fantasias, ni intrigues, ni aventures. Rien que la misère tombant goutte à goutte, sans cesse, sur de la chair habituée, depuis toujours, à sa brûlure.

Sous la morsure du vent de mer, âpre et glacé, malgré le soleil, Mohammed Aïchouba poussait sa charrue primitive, attelée de deux petites juments maigres, de race abâtardie, à la robe d'un jaune sale. Mohammed faisait de grands efforts pour enfoncer le soc obtus dans la terre rouge, caillouteuse. Par habitude, et aussi faute d'outils et de courage, Mohammed se contentait de contourner les touffes de lentisque et les pierres trop grosses, sans jamais essayer d'en débarrasser son petit champ, le *melk* héréditaire et indivis des Aïchouba.

Le petit Mammar, le fils de Mohammed, cramponné à la gandoura terreuse de son père, s'obstinait à suivre le sillon où, un jour, il pousserait probablement à son tour la vieille charrue grinçante.

Mohammed approchait de la cinquantaine. Grand et sec, de forte ossature, il avait un visage allongé, tourné, encadré d'une courte barbe noire. Ses yeux d'un brun roux avaient une expression à la fois rusée, méfiante et fermée. Cependant, quand le petit Mammar s'approchait trop de la charrue, le père le repoussait doucement. et ses yeux changeaient. Un sourire passait dans son regard d'obscurité accumulée par des siècles de servitude.

Un voile déchiré, simplement passé sur la tête, achevait de donner à Mohammed, sous ses haillons, l'air d'un laboureur de la Bible...

Le champ était situé sur le versant d'un coteau aride, au milieu du chaos des collines que domine de toutes parts la muraille bleuissante des montagnes aux circuits compliqués.

En face, sur l'autre bord d'un ravin, les gourbis de la fraction des Rabta, de la tribu des Maïne.

Celui des Aïchouba était un peu à l'écart, au pied de la falaise rouge par quoi finissait la montagne. Quatre murs en pierre sèche, aux trous bouchés avec de la terre et de l'herbe, un toit en diss (1). Comme unique ouverture, la porte très basse telle l'entrée d'une tanière. Une haie d'épines et de branches de lentisque, servant le jour à cacher les femmes, et la nuit à abriter le troupeau.

Mohammed était l'aîné, le chef de famille. Ses deux frères, plus jeunes, habitaient sous son toit. Le premier, Mahdjoub, était marié. Se désintéressant du travail au champ, il élevait des brebis et des chèvres, et fréquentait les marchés. Benalia, le cadet, ne ressemblait pas à ses frères. Il avait dix-huit ans, et refusait de se marier.

Il gardait le troupeau et braconnait dans la montagne. Voleur à l'occasion, mauvais sujet irréductible, malgré les corrections que lui donnaient ses frères, il passait ses journées assis sur quelque rocher, en face du grand horizon doré, à jouer de la flûte bédouine ou

(1) Herbe longue et dure.

à improviser des complaintes. Lui seul, peut-être, dans sa tribu, voyait la splendeur des décors environnants, la menace des nuages sur la crête des montagnes obscures et le sourire serein du soleil dans les vallées, toutes blondes avec des horizons bleus.

Au gourbi, Benalia gardait un silence presque dédaigneux. Il ne se mêlait ni aux querelles d'intérêt entre les deux grands frères, ni aux interminables discussions éclatant à propos de rien entre les femmes.

Elles étaient nombreuses, dans la demi-obscurité du grand gourbi. Mohammed en avait deux et Mahdjoub une. Il y avait encore là les sœurs non encore nubiles ou divorcées, les vieilles tantes et la mère Aïchouba, l'aïeule décrépite des petits qui pullulaient, portés sur le dos des femmes courbées avant l'âge. Et c'était toute une smala exigeante et rusée, quoique craintive.

Pendant que les hommes étaient au dehors, les femmes écrasaient le blé dur dans le vieux petit moulin lourd et faisaient cuire les galettes azymes dans un four en terre ressemblant à une taupinière géante et qu'on fermait au moyen d'une marmite à moitié remplie d'eau.

Quant les travaux rudimentaires du champ et du troupeau ne réclamaient pas leur effort, Mohammed et Mahdjoub allaient, comme

les autres hommes de la fraction, s'asseoir sur
de vieilles nattes, près d'un gourbi où un
homme en blouse et en turban vendait du café
et du thé.

Là on parlait lentement, interminablement,
des questions d'intérêt, avec la préoccupation
des paysans toujours attentifs à la vie de la
glèbe. On supputait la récolte, on parlait du
dernier marché, on comparait les années.

Le marché joue un grand rôle dans la vie bédouine. Il exerce une sorte de fascination sur
les fellah très fiers du marché de leur tribu.
« Il va déjà au marché » se dit du jeune homme
parvenu à l'âge de la virilité.

Parfois, quelqu'un racontait une histoire
naïve et fruste, des trésors cachés dans la
montagne et surveillés par des génies, des lé-
gendes du vieux temps ou des histoires merveilleuses sur les bêtes féroces, les panthères,
encore nombreuses aujourd'hui, ou les lions.

La piété de ces tribus berbères de la montagne dont beaucoup parlent leur idiome, le
Chelha, est tiède, et leur ignorance de l'Islam
est profonde. Les vieillards seuls s'acquittent
des prières, traditionnellement. Par contre,
les marabouts sont très vénérés et il est une
infinité de *koubba* ou simplement de lieux
saints, où l'on va en pèlerinage, en mémoire de
quelque pieux solitaire.

Chez les Aïchouba, seul Mohammed priait et

portait à son cou le chapelet de la confrérie des Chadoulia...

Et les jours s'écoulaient dans la torpeur résignée, dans la monotonie de la misère, endurée depuis toujours.

L'année s'annonçait mal. Au moment des semailles d'hiver, la pluie avait détrempé la terre et transformé les chemins arabes, sentiers ardus et sinueux. en torrents. En effet, malgré le poids si lourd des impôts arabes, les douars sont dépourvus de voies de communication, et rien n'est fait pour leur commodité, leur développement ou leur salubrité. Le fellah déshérité paye et se tait.

Les terres de la fraction des Rabta sont pauvres, épuisées encore par la mauvaise culture, sans engrais, jamais. La brousse voisine les envahit.

Le pain noir et le *maâch*, le gros couscous grossier, menaçaient de manquer cette année; l'impôt serait bien difficile à payer ; et une plainte sourde, un cri d'angoisse commençait de monter des collines et des vallées.

Il n'y avait cependant pas de révolte dans les attitudes et les discours des fellah. Ils avaient toujours été pauvres. Leur terre avait toujours été dure et pierreuse et il y avait toujours eu un beylik auquel il fallait payer l'impôt. D'un âge d'or les Bédouins ne gardaient aucune ressouvenance.

Ils vivaient de brèves espérances, en des attentes d'événements prochains, devant apporter un peu de bien-être au gourbi : Si Dieu le veut, la récolte serait bonne... ou bien, les veaux et les agneaux se vendraient bien et un peu d'argent rentrerait. Tout cela, même en mettant les choses au mieux, ne changeait rien au cours éternellement semblable de la vie du douar. Mais cela faisait passer le temps et supporter la misère.

Le Bédouin est chicanier et processif de sa nature. Il considère comme une nécessité de la vie, presque comme un honneur, d'avoir des procès en cours, de mêler les autorités à ses affaires, même privées. Mohammed Aïchouba et son frère Mahdjoub avaient plusieurs fois soumis leurs différends au caïd et même à l'administrateur, continuant cependant de vivre ensemble...

Au gourbi, c'était Aouda, l'aînée des deux femmes de Mohammed, qui suscitait les querelles. Verbeuse et acariâtre, elle éprouvait le besoin incessant de se disputer et de crier, de rapporter des uns aux autres les propos entendus, habilement surpris. Quand les disputes dépassaient un peu le degré ordinaire, Mohammed prenait une matraque et frappait sa femme, à tour de bras, mettant fin aux querelles, pour quelques heures. Mais la ruse et la méchanceté d'Aouda n'avaient pas de bornes. Elle en voulait surtout à Lalia, la jeune femme de son mari, douce créature, jolie et à peine nubile, qui se taisait, supportant toutes les vexations d'Aouda et allant jusqu'à l'appeler *lella* (madame).

Mohammed, sans tendresse apparente, avait pourtant un faible pour Lalia et il ne revenait jamais du marché sans rapporter un cadeau quelconque à sa nouvelle épouse, augmentant encore la haine et la jalousie d'Aouda. Elle avait deux enfants, deux filles, et elle comptait sur cette maternité pour empêcher son mari de la répudier. Mais les filles étaient déjà assez grandes et Mammar, le favori de Mohammed, était le fils de Khadidja, la première femme de Mohammed, qui était morte. Les liens qui attachaient Mohammed à Aouda étaient donc bien faibles.

Comme il est d'usage chez les Berbères de la montagne, les parents d'Aouda l'excitaient encore contre son mari pour provoquer un divorce venant de lui, car alors il perdait le *sedak*, la rançon de sa femme, que les parents remariaient ensuite, touchant une autre somme d'argent.

Mohammed, son labourage fini, mesura le grain et son cœur se serra en voyant qu'il n'en avait pas assez pour ensemencer. Il lui en manquait pour une quinzaine de francs. Où prendre cet argent ? Irait-il, comme les années précédentes, s'adresser à M. Faguet, ou aux Kabyles habitant les « centres » de Montenotte et de Cavaignac ? A l'un comme aux autres, il devait déjà plusieurs centaines de francs. Son champ et le troupeau de Mahdjoub servaient de garantie.

Il avait déjà vu vendre aux enchères un champ d'orge et trois beaux figuiers, que M. Faguet avait fait acheter par l'un de ses khammès.

Les usuriers ! Seuls, ils pouvaient le tirer d'affaire. Il fallait bien semer. Et Mohammed calculait, se demandant s'il s'adresserait au roumi de Ténès ou aux Kabyles des « centres ». M. Faguet lui prêterait le grain en nature, au double du prix courant ; les Kabyles, pour un prêt de quinze francs, lui feraient signer un billet de trente...

Mohammed, lentement, marchait le long de son champ, en songeant aux usuriers. Le vent froid s'engouffrait dans le vieux burnous déchiré, dans la gandoura en loques, et pleurait sa tristesse inexpliquée autour de cette tristesse humaine.

.

Le « centre » des Trois-Palmiers, en arabe Bouzraïa, est un village de création officielle. Les terrains de colonisation ont été prélevés sur les meilleures parcelles des tribus de

Hemis et de Baghadoura, par expropriation ;
le « centre » ne doit sa prospérité relative
qu'au grand marché arabe du vendredi.

Sous les eucalyptus au feuillage rougi par
l'hiver, sur une côte pulvérulente, une foule
compacte se meut : burnous grisâtres, burnous
bruns, voiles blancs. Dans les cris des hommes
et des bêtes, les Bédouins vont et viennent.
Les uns arrivent, les autres s'installent. Et
une grande clameur s'élève, cri rapace de cette
humanité dont la pensée unique est le gain.
Vendre le plus cher possible, tromper au
besoin, acheter à vil prix, tel est le but de
cette foule disparate, mélange confus d'Européens, d'Arabes, de Kabyles et de Juifs, rendus
tous semblables en leur soif de lucre.

Mohammed et Mahdjoub étaient descendus
au marché dès l'aube. Le long de la route, ils
avaient marché ensemble, accompagnés de
leur jeune frère Benalia, qui poussait devant
lui trois chèvres que Mahdjoub voulait vendre.
Mohammed était monté sur sa petite jument,
avec Mahdjoub en croupe, tandis que Benalia
marchait à pied. Il chantait :

« Le berger était sur la montagne. Il était
petit, il était orphelin. Il jouait de la flûte. Il
gardait les moutons et les chèvres de Belkassem. La panthère est venue à la tombée
de la nuit, à l'orée des bois : elle a dévoré le
petit berger et le troupeau.

« Les enfants de Belkassem ont pleuré le beau troupeau, les belles chèvres... Personne n'a pleuré le petit berger, parce qu'il n'avait pas de père... »

Benalia improvisait, et sa voix jeune et forte s'en allait aux échos de la forêt, dans la montagne pleine d'épouvantements. Poète inconscient, il disait la vérité de sa race et chantait les réalités de la vie des douars... Mais voleur et mauvais sujet, il n'obtenait pas d'attention et il était inestimé par les hommes de sa tribu.

... Arrivés au marché, les trois frères se séparèrent, selon l'usage arabe. Mohammed n'avait qu'une petite jarre de beurre à vendre et se mit aussitôt en quête du Kabyle prêteur d'argent, Kaci ou Saïd.

En blouse bleue et turban jaune, grand et maigre, le « Zouaouï » déballait un grand paquet de mouchoirs et de cotonnades claires. En voyant Mohammed Aïchouba, il sourit :

— Te voilà encore. Ça ne va donc pas? Qu'y a-t-il ?

— Louange à Dieu dans tous les cas ! Il n'y a que le bien.

— Tu as besoin d'argent ?

— Oui, viens à l'écart, nous parlerons.

— Tu me dois déjà deux cents francs. Tu en dois à d'autres, et même à M. Faguet.

— Je paye les intérêts. Je ne travaille plus que pour vous et les impôts.

— Je ne te prêterai plus au même intérêt. C'est trop peu, puisqu'il faut tant attendre.

— Tu n'es pas un musulman ! Dieu t'a défendu de prêter même à un centime d'intérêt.

— Nous partageons le péché : nous prêtons ; vous autres Arabes, vous empruntez. Sans votre rapacité, à qui prêterions-nous?

— Ce sont les Juifs qui vous ont appris ce métier-là.

— Assez. Veux-tu de l'argent, ou non ? Et combien te faut-il ?

— Au cours du blé dur et de l'orge, il me faut seize francs.

— Seize francs... Tu me feras un billet de trente-deux francs.

— Voilà un trafic de Juif ! Avec quoi payerai-je un intérêt pareil ?

— Arrange-toi.

Le marchandage fut long et âpre. Mohammed se détendait dans l'espoir de gagner un ou deux sous.

Kaci ou Saïd voyait qu'il tenait sa proie et goguenardait, tranquille. Enfin, sans que l'usurier eût cédé un centime, le marché fut conclu. Le lendemain matin, on irait chez l'interprète et on signerait le billet, et, pour se mettre d'accord avec la loi, on y porterait la mention bénigne : « Valeur reçue en grain » écartant l'idée d'usure. Mohammed Aïchouba aurait seize francs pour compléter ses semences et, après la moisson, il rendrait le double.

Il passa la nuit, roulé dans son burnous, près du café maure. Une inquiétude lui venait bien : avec la faible récolte qu'il y aurait sûrement, puisque l'année commençait par un froid excessif et trop de pluie, comment payerait-il toutes les échéances tombant, inexorables, après la moisson, en août ? Mais il se consola en disant : « Dieu y pourvoira ! » et il s'endormit.

***

Pendant l'absence des hommes, une vieille femme ridée, au nez crochu, aux petits yeux sans cils, vifs et perçants comme des vrilles, était venue au gourbi des Aïchouba. C'était la mère d'Aouda, la femme de Mohammed.

Elle avait pris sa fille à part, dans un coin, et lui parlait à voix basse, avec véhémence, faisant sonner ses bracelets d'argent, sur ses poignets décharnés, à chaque geste brusque.

— Tu es une ânesse. Pourquoi restes-tu chez ton mari ? Tu sais bien que les autres femmes de ton âge sont bien habillées, choyées par leurs maris. Tu vois bien comment il traite cette chienne de Lalia qu'il te préfère. Pourquoi restes-tu ? Réfugie-toi chez ton père. Si ton mari veut te reprendre de force, va chez l'administrateur. Après, Aïchouba te répudiera, car il tient aux usages, et quand tu te seras découvert le visage devant les Roumis, il ne voudra plus de toi. Alors, nous te trouverons un autre mari bien meilleur.

— J'ai peur.

— Bête, va ! N'es-tu pas mon foie ? Te ferais-je du mal ? Et de quoi as-tu peur ? N'as-tu pas ton père, et tes frères ne sont-ils pas deux lions ?

Aouda, la joue appuyée dans le creux de sa main, réfléchissait. Elle n'avait aucune affection pour son mari et elle le craignait. Si elle était jalouse de Lalia, ce n'était nullement le sentiment de la femme blessée dans son amour et sa dignité. Seulement, Mohammed prodiguait à Lalia les cadeaux et les parures, et Aouda était envieuse.

Aouda se décida.

— Lundi, ils seront au marché de Montenotte. Dis à mon père et à mes frères de venir me chercher avec la mule grise.

— D'abord, fais une scène à ton mari. Dis-lui de te donner les mêmes objets qu'à Lalia et de te laisser venir passer quelques jours chez nous. Il refusera, et toi, insiste. Il te battra, et, dès mardi, nous irons nous plaindre à l'administrateur, s'il ne te répudie pas.

Une femme entra, éplorée. C'était Aïcha,

une voisine. Elle s'accroupit dans un coin et se mit à se lamenter. Jeune encore, elle eût eu un visage agréable, sans les tatouages qui ornaient son front, ses joues et son menton.

— Qu'as-tu, ma fille ? demanda la vieille. Tes enfants sont-ils malades ?

— Oh, mère, mère ! L'autre jour, comme mon mari labourait chez le caïd, des Zouaoua ont passé. Ils m'ont montré de beaux mouchoirs en soie rose, à quatre francs. J'en ai acheté deux, parce que le Kabyle me promettait d'attendre jusqu'à la fin du mois. Ma mère m'aurait donné l'argent. A présent le Kabyle prétend que je lui dois douze francs et il m'assigne en justice. Mon mari m'a battue et il veut me répudier. Je ne sais pas s'il aura assez pour payer... Mon Dieu, aie pitié de moi ?

— Moi, dit Aouda, je n'achète jamais à crédit. J'ai gardé de la laine pour plus de trois francs, et quand je fais le beurre, j'en cache aussi que je fais vendre par des enfants. Le grain aussi, j'en vends en cachette, comme ça j'ai de l'argent pour m'acheter ce que je veux.

Comme la sœur de Mohammed, Fathma, se rapprochait, les femmes s'apitoyèrent sur le sort d'Aïcha, la voisine.

— Brûle un peu de corne de bélier de la grande fête et mets la cendre dans le manger de ton mari : il ne pourra plus te répudier. Mais garde-toi d'en goûter, car ça empêche les femmes de devenir enceintes.

La vieille connaissait les sortilèges.

Aïcha joignit les mains, puis elle embrassa le pan crasseux de la mlahfa de la vieille :

— Mère, je t'en supplie, viens chez moi. Mon mari est parti ; prépare-moi la corne toi-même. J'en ai justement deux.

— Après avoir fait cela, il faut que je parfume mon gourbi au benjoin pendant quatre jours et que je brûle deux bougies de cire vierge pour Sidi-Merouan. Donne-moi six sous, j'irai.

Des plis de la coiffure d'Aïcha, les six sous passèrent dans un coin de la mlahfa de la vieille. Elle se leva et prit son haïk et son bâton.

— Lundi, à midi. N'oublie pas la laine, surtout... souffla-t-elle à l'oreille de sa fille.

Mohammed, harassé, trempé par la pluie, rentra le lendemain, à la nuit, avec l'argent du Kabyle touché dans l'antichambre de l'interprète, le billet signé.

Il trouva son petit Mammar brûlant de fièvre, sur les genoux de Lalia qui le berçait.

Aouda, vaquant aux soins du ménage, maugréait :

— Toujours, c'est moi qui travaille ! L'autre jamais. On lui a apporté des cadeaux, je parie. Moi, jamais rien !

Mohammed, douloureusement frappé par la

maladie subite du petit, se retourna vers Aouda.

— Qu'as-tu à grogner comme une chienne?

— Je demande à Dieu d'avoir pitié de moi...
et elle égrena le chapelet de ses récriminations,
mais avec une insolence inaccoutumée.

— Tais-toi, disait Lalia conciliante. Tu ne
vois pas que le petit est malade et que l'homme
est fatigué?

— Toi, fille de serpent, tu n'as rien à me dire.
Tu es fière, parce que tu es bien habillée,
vipère!

Mahdjoub haussait les épaules, impatienté:

— Si tu étais à moi, dit-il, je te mettrais à
la porte à coups de pieds. Mohammed est trop
patient.

Au fond, Mohammed avait bien envie de
répudier Aouda, mais il regrettait l'argent de
sa rançon, et il se contenta, comme toujours,
de la faire taire en la battant.

Le lendemain, l'état de l'enfant empira. Mohammed, désolé, le veillait, morne. Les remèdes
des vieilles ne soulagèrent pas le petit et, dans
la nuit du dimanche, il mourut. Quand les
menottes convulsées retombèrent inertes, Mohammed crispa ses mains calleuses sur le petit
cadavre et resta là, pleurant à gros sanglots,
avec des gémissements, comme un enfant.

Autour du tas de chiffons qui avait servi de
lit au petit Mammar, les femmes, accroupies,

poussaient de longs hurlements lugubres, en se griffant le visage. Aouda, par nécessité et par habitude, imitait les autres, mais, dans ses yeux noirs, une joie mauvaise brillait.

Et Mohammed pleurait là cette dernière misère, la mort de son fils unique, ce petit Mammar si joli, si plein de vie, qui le suivait partout, qui le caressait, qui était sa seule joie.

Peu à peu, le « fellah » cessa de pleurer et resta là, accroupi, immobile, à regarder le cadavre de son enfant... Puis, il souleva les petites mains crispées qui semblaient s'abandonner encore, la petite tête aux yeux clos... Et, avec un long cri de bête blessée, il retomba sur les chiffons et pleura, pleura jusqu'au jour quand les femmes lui prirent le petit pour le laver et le rouler dans le linceul blanc, grand comme une serviette.

Quand Mammar fut enterré sur la colline, dans la terre pierreuse, Mohammed, sombre et muet, ramassa des pierres et des branches et bâtit une cahute au pied du figuier où il jouait, tous les jours, avec son fils. Il porta là quelques loques, sur une vieille natte, et s'étendit. Mais le lundi vint. L'argent manquait, il fallait vendre encore du beurre et du miel, et acheter avec l'argent du Kabyle, le grain. Puis, il faudrait ensemencer. Mahdjoub appela son frère aîné.

— Frère, pour qui travaillerai-je à présent

que mon fils est mort ? dit Mohammed en se levant tristement, sans force et sans courage, pour la besogne obligée.

— C'est la volonté de Dieu. Il te donnera sans doute un autre fils.

...Pendant l'absence de Mohammed, le père et les frères d'Aouda vinrent la chercher et elle partit, les yeux secs, emportant ses hardes, sans un adieu pour toutes ces femmes qui essayaient de la retenir.

Quand elle fut partie, les autres dirent, soulagées pourtant : « Que la mer la noie ! Elle est trop méchante ! »

Mohammed dut aller se plaindre au caïd, réclamant sa femme. Mais le vieux chef lui conseilla de la répudier, lui prédisant de nombreux ennuis s'il la réintégrait au domicile conjugal. Et Mohammed répudia Aouda, instaurant un peu de paix au gourbi en deuil du petit Mammar.

Puis Mohammed ensemença son champ. Il marchait, le long des sillons, en jetant la semence, et il lui était douloureux de regarder cette terre rouge si dure à travailler, et qu'il avait arrosée de tant de sueur... Voilà que, maintenant, elle lui avait pris son fils unique, son petit Mammar, qui, naguère encore, courait comme un joyeux agneau dans ces mêmes sillons.

Tout à coup, Mohammed s'arrêta : sur l'argile rouge, une trace, presque effacée, persistait : la trace d'un petit pied nu.

Le fellah s'accroupit là, laissant son travail, et il eut une nouvelle explosion de douleur, — la dernière, car, ensuite, il se résigna à la destinée. Il prit soigneusement l'argile portant l'empreinte du petit pied, la pétrit dans ses doigts, la noua dans un coin de son voile. Le soir, il mit la motte de terre dans un coin de son gourbi, comme un talisman. Puis, il courba la tête sous le joug du « mektoub » inéluctable et il travailla pour le pain de sa famille.

.·.

...Le vent et la grêle achevèrent de rendre la moisson presque nulle, et le grand cri, la plainte des fellah qui, au printemps, avait retenti dans les vallées et sur les collines, roula d'un horizon à l'autre, de la plaine du Chélif à la mer, comme une clameur d'épouvante devant la famine prochaine.

Les créanciers furent impitoyables. Le champ fut vendu et le produit partagé entre M. Faguet, les Kabyles et le *beylik* pour les impôts.

Sans champ, sans blé, les Aïchouba en furent réduits à leur petit jardin de melons et de pastèques. Mohammed, sans terre, se trouva tout à coup désœuvré, inutile comme un enfant ou un vieillard impotent. Sombre, il erra le long des routes. Mahdjoub, pour faire vivre la famille, dut vendre peu à peu ses bêtes. Silencieux lui aussi, courbé sous le joug de la destinée, il devint le chef de la famille, car Mohammed désertait de plus en plus le gourbi pour errer on ne savait où.

Un jour, Benalia vit son frère qui marchait, la tête courbée, dans le champ qui leur avait appartenu. Il cherchait quelque chose.

Timidement, pris de peur, Benalia s'en alla prévenir Mahdjoub, qui s'en vint au champ.

— Si Mohammed, que fais-tu là ? La terre n'est plus à nous, telle est la volonté de Dieu. Viens, il ne faut pas qu'on te voie là.

— Laisse-moi.

Mais que cherches-tu là ?

— Je cherche la trace des pas de mon fils.

Et Mahdjoub connut que son frère était devenu *derrouich*.

Peu de jours après, comme Mohammed était assis, silencieux comme toujours désormais, devant sa cahute, et que Mahdjoub menait les bêtes à l'abreuvoir, Benalia, assis devant le gourbi, jouait de la flûte. Tout à coup, Mahdjoub revint en courant. — Si Mohammed ! les gendarmes viennent vers le gourbi ! Par habitude, il demandait aide et protection à l'aîné, mais Mohammed répondit : — Que nous prendraient-ils encore, puisque mon fils est mort et que le champ est vendu ?

Devant le gourbi, guidés par le garde-champ-
pêtre à burnous bleu, les gendarmes mirent
pied à terre. Ils entrèrent tous deux. L'un portait des papiers à la main.

— Où est Aïchouba Benalia ben Ahmed ?

Benalia avait pâli.

— C'est moi..., murmura-t-il.

Le gendarme s'approcha et lui passa les
menottes. Alors, comme Mohammed, les yeux
grands ouverts, se taisait, Mahdjoub s'avança
tremblant.

— Si Ali, dit-il au garde-champêtre, pourquoi arrête-t-on mon frère ?

— Il était absent, cette nuit ?

— Oui...

— Eh bien, il est allé à Timezratine, et il a
volé un fusil chez M. Gonzalès, le colon.
Comme le colon l'a surpris, il lui a tiré dessus.
M. Gonzalès est blessé, et on l'a porté à l'hôpital. Il a reconnu ton frère.

Et on emmena Benalia, tandis que les
femmes se lamentaient, comme sur le cadavre
d'un mort.

Mohammed ne proféra pas une parole.

Mahdjoub, après un instant, ramassa le
bidon et reprit la longe des chevaux, qu'il mena à
l'abreuvoir.

De caractère morose et dur, âpre au gain,
sans jamais un mot affectueux pour les siens,
Mahdjoub avait au fond l'amour du foyer et de

la famille, un amour jaloux de ceux de son sang, et le malheur de son frère l'accablait. Il n'éprouvait pas de honte, le brigandage étant considéré comme un acte de courage, illicite, certes, mais point honteux. Il souffrait seulement de la souffrance de son frère, car ils étaient sortis du même ventre et avaient tété la même mamelle.

Pourquoi Benalia avait-il si mal tourné, quand tous les Aïchouba étaient des laboureurs paisibles? Et comment en était-il arrivé à une audace semblable?

Et la ruine de la famille apparaissait à Mahdjoub, consommée, maintenant.

Et quelle année! L'enfant mort, le champ vendu, l'aîné devenu fou, le cadet enchaîné et certainement condamné! La colère de Dieu s'appesantissait sur leur race, et il n'y avait qu'à s'incliner en disant : « Louange à Dieu, dans tous les cas ! »

Mohammed semblait devenu muet. Il prenait la nourriture qu'on lui présentait sans rien dire.

Lalia, dans les coins obscurs, pleurait son malheur. Ses belles-sœurs lui reprochaient d'avoir apporté avec elle le malheur et les calamités. Mais elle attendait patiemment, ne voulant pas s'en aller. Dans son cœur d'enfant, une sorte d'attachement était né pour Mohammed, qui avait été bon pour elle et qui souffrait.

Après plusieurs mois de silence, quand Mahdjoub rapporta la nouvelle de la condamnation de Benalia à cinq ans de réclusion, Mohammed ne dit rien ; mais, le lendemain, quand Lalia lui porta son écuelle,. elle ne le trouva plus dans sa cahute : dès l'aube, Mohammed était parti, avec son bâton d'olivier, droit devant lui, vers l'Ouest, mendiant son pain au nom de Dieu.

Ce jour-là, Lalia, devenue veuve, rassembla ses hardes. Dans le coffre de bois vert, avec les gandoura et les melhfa, il y avait deux robes et une paire de souliers qui avaient appartenu au petit Mammar. Lalia les regarda et puis, avec des larmes dans les yeux, elle les serra avec son linge, en murmurant : « Petit agneau, depuis ta mort, le malheur est entré dans cette maison... » Et elle partit chez ses parents.

.·.

De jour en jour, la misère augmentait et, un jour, dégoûté, Mahdjoub vendit ses dernières bêtes et le jardin.

Puis, il répudia sa femme restée sans enfants, et il partit à la ville, où il s'engagea comme garçon d'écurie chez un marchand de vin en gros.

... Un jour, assis devant la porte de son écurie, Mahdjoub travaillait, avec son couteau, le manche de sa canne. L'hiver touchait à sa fin, et une année s'était écoulée depuis la dispersion des Aïchouba. Mahdjoub avait beaucoup changé. Il savait maintenant un peu parler le français. Il s'habillait proprement en citadin, risquant même le costume européen avec une simple chéchia, et il buvait de l'absinthe dans les cafés d'Orléansville.

... Un vieux mendiant passait, les cheveux longs et gris, sous un vieux voile en lambeaux, le corps couvert de loques, un long bâton à la main.

— Au nom de Dieu et de son Prophète, faites-moi l'aumône ! clamait le vieux cheminot.

Mahdjoub tressaillit, se leva, laissant son travail.

— Si Mohammed ! Si Mohammed ! Je suis ton frère, Mahdjoub. Où vas-tu ?

Mais le vieillard passait. Aucune lueur d'intelligence ne brilla dans ses yeux ternes. Alors, Mahbjoub lui mit tout ce qu'il avait de monnaie dans la main, le baisa au front et rentra dans l'écurie. Là, appuyé contre un pilier, il se mit à pleurer.

Et le vieillard passa, s'en allant plus loin dans la nuit de son intelligence éteinte, demander au nom de Dieu le pain bis que la terre rouge et caillouteuse de son pays lui avait refusé.

VESTE BLEUE

Lentement, dans la tiédeur de la nuit, le clairon égrena les notes tristes de l'extinction des feux. La dernière phrase se prolongea en une plainte, mourut.

Au quartier des tirailleurs, tout s'endormit. Les corps las se vautraient dans l'accablement du sommeil.

Kaddour Chénouï ne dormit pas cette nuit-là. Couché sur le dos, les bras nus sous sa tête brûlante, il rêva, dans le vague de son esprit d'illettré. Il était libérable le lendemain. En quatre ans, bien souvent, il avait furieusement désiré ce jour béni. Et voilà que maintenant, ce dernier soir au quartier, il ne savait pas si c'était de la joie ou de l'angoisse qui faisait battre son cœur si fort.

De quinze à vingt ans, au Dahra, son douar natal, Kaddour avait déserté la *mechta* et le champ paternel, pour courir la brousse profonde avec le vieux fusil de son oncle, le jour à la chasse, la nuit, à la poursuite des belles au front tatoué. Il gardait avec orgueil sur sa poitrine bombée, sur les mucles saillants de ses bras, les traces des coups de couteau, de pierre, voire même de feu reçus pour des maîtresses auxquelles il ne songeait plus.

La dure autorité du père, pauvre fellah, n'avait pu soumettre Kaddour. Parfois, il allait vendre des charges de bois ou de charbon à Orléans-ville ou à Ténès. Il regardait alors avec envie les tirailleurs. Il les admirait ces hommes si crânes qui ne craignaient plus rien, pas même Dieu, et qui allaient en riant jusqu'aux pires débauches, jusqu'aux excès sanglants. Il crut que la liberté était sous la veste bleue.

Un jour, son père le frappa. Kaddour s'enfuit à Ténès et s'engagea.

La prison, voire même les coups, réprimè-rent vite les révoltes de sa désillusion. Il apprit plus tard que le soldat, esclave à la caserne, peut être le maître au dehors, terroriser les civils, boire, jouer, courir les filles. Et il se fit à cette vie, pas mauvais soldat, plutôt doux au quartier, chenapan terrible au dehors, d'ivresse mauvaise.

Pourtant il n'avait pas eu le courage de rengager au corps. Une nostalgie lui était venue, du douar, des grandes montagnes sombres, avec, pour horizon, la mer qui semblait remon-ter plus haut que les sommets... Et maintenant qu'il allait être libre, une angoisse lui venait, presque de la peur.

*
* *

— Va en paix et pardonne-nous !

Les tirailleurs, sans émotion, embrassèrent celui qui s'en allait. Il sortit. Sa tête tournait, il était comme ivre.

Tout de suite, il quitta Ténès, où il avait fait ses derniers six mois, au retour de Laghouat. Sous la porte d'Orléansville, il se retourna pour regarder encore une fois le grand quartier, dominant, par-dessus le rempart gris la vallée profonde de l'oued Allala... Et Kaddour se souvint des heures nocturnes, haletantes, passées sous cette porte, à attendre les femmes, servantes mauresques ou espagnoles, que tentaient sa large carrure, son masque régulier de statue de bronze et l'éclat ardent de ses longs yeux dorés... C'était fini.

Il continua sa route.

Dans les gorges, des aigles planaient, fauves, avec un imperceptible battement des ailes. Ils ressemblaient à des clous d'or fichés dans le ciel incandescent. Puis, ce fut la vraie campagne, les dos arrondis des collines arides, dominant la plaine nue où le village français de Montenotte, serti d'eucalyptus, jetait sa tache noire.

On était en juillet. Il n'y avait plus une

note verte dans la gamme exaspérée des couleurs. Les pins, les lentisques, les palmiers nains étaient d'un noir roux, sur le sol rouge.

Les oueds desséchés, avec leurs parois de sanguines, semblaient de longues plaies béantes avec, au fond, l'ossature grise des pierres et les lauriers-roses étoilés qui agonisaient. Les champs moissonnés jetaient leurs reflets fauves sur le versant des collines. Sous le ciel terne, tout brûlait. A l'horizon menaçant, des flammèches semblaient courir, sous des fumées rousses.

Kaddour avait coupé un bâton d'olivier sauvage. Il le portait sur sa nuque, les deux mains aux bouts, la poitrine en avant. C'était bon : marcher seul et libre, sans sac ni fusil, retourner chez soi...

Au loin, une promenade militaire passa. Ce furent d'abord les clairons sonores et insouciants, puis, la déchirante, la griserie sombre de la *nouba* africaine.

C'était fini cela encore : il n'obéirait plus à la cadence ! Pour un instant encore, son cœur se serra.

.·.

Les grands caroubiers de la *djemmaâ*, sur un plateau dénudé, les gourbis en diss noirâtre, enclos d'épines grises.

C'était la *forka* des Ouled-bou-Medine.

Le tirailleur s'avança vers leur gourbi, timidement presque ; des chiens s'élancèrent, hurlant leur menace sauvage. Une jeune femme s'enfuit, se couvrant le visage.

Quand le père grand, osseux, au profil d'aigle, vit Kaddour, il loua Dieu, gravement, sans joie. Les deux frères, plus jeunes, étaient devenus des hommes élancés et fiers, avec une fine barbe naissante et une audace farouche dans leurs beaux yeux roux.

Mohammed et Aly restèrent indifférents, fermés. Seule la vieille Kheïra, la mère, pleura de joie sur la tête rasée de son fils aîné.

Elle obtint pour lui une vieille gandoura, un burnous et un turban du père. Kaddour avait honte maintenant de sa défroque militaire.

Dans un coin, le tirailleur apercevait Fathma, la femme de son frère Mohammed. Elle se tenait dans l'ombre, se voilant le visage.

Mohammed, méfiant, rôdait autour des deux gourbis de la famille. Il n'osait cacher sa femme à son frère, c'était contraire aux usages, mais, une sourde haine lui venait, pour cet homme qu'il ne reconnaissait plus, qui avait fait le pire des métiers, mangé la soupe immonde, bu du vin en blasphémant Dieu et le Prophète.

Ainsi s'ouvrait la *mechta*, d'accueil rude, comme à regret...

Au café maure, les fellah, dès la fin des travaux stictement nécessaires, coulaient de longues journées d'inaction. Quand Kaddour entra, on eut pour lui un vague regard de mépris. Peut-être que s'il fût sorti de prison on eût été plus indulgent ; on allait en prison de force, tandis qu'on s'engageait volontairement.

Alors, toute la joie du retour tomba en lui. Il sentit bien qu'il serait presque toujours pour eux, *l'askri* (le soldat), presque un *m'tourni*, un renégat.

Au gourbi, la vie lui sembla dure. Il couchait à terre, mangeant de la galette noire. Il fallait couper du bois dans la brousse épineuse, le descendre en ville, très loin, brûler du charbon dans la montagne, réparer les huttes.

Kaddour essaya de reprendre les courses aventureuses, nocturnes, qui occupent la jeunesse des douars. Mais seules les déchues, celles pour lesquelles on ne se cachait même pas, voulaient de l'amour d'un tirailleur...

Et au gourbi, il y avait Fathma, la femme de Mohammed, belle, langoureuse, avec des yeux de soumission et de tendresse.

Kaddour avait été repris par la foi et les scrupules de sa race. L'inceste lui sembla d'abord un crime si monstrueux qu'un musulman ne pouvait le commettre.

Mais l'hostilité du milieu, la haine croissante de Mohammed et la violence du désir de Kaddour brisèrent sa résistance.

Marié, Mohammed courait toujours les

mechta voisines, abandonnant souvent Fath-ma... Et elle avait remarqué l'amour de son beau-frère, le tirailleur, qui lui semblait une sorte de héros, parce qu'il avait beaucoup péché.

Une nuit, Mohammed poursuivit une hyène qui rôdait autour du troupeau.

Et Kaddour, son couteau à la main, se glissa dans le gourbi de son frère. Tout de suite, sans résistance, Fathma céda.

Dès lors, presque toutes les nuits, avec une audace inouïe, Kaddour alla la rejoindre, profitant des moindres absences de son frère.

*
* *

L'hiver passa. A la *mechta* des Chénouï, Kaddour était resté un étranger. Il était devenu un laboureur déplorable, passant des heures à fumer, vautré dans la brousse, tandis que les bœufs sommeillaient dans le sillon interrompu. Aly s'était marié, et, comme Mohammed, il se méfiait de Kaddour, lui témoignant ouvertement son inimitié. Le père Chénouï, silencieux et raide, manifestait sa désapprobation, n'adressant jamais la parole à Kaddour.

Dans la *forka* d'ailleurs, on méprisait le tirailleur, on lui reprochait de jurer et de blasphémer parfois.

Et il se sentait gênant, détesté, stigmatisé

pour toujours, comme si sa chair avait gardé l'empreinte indélébile de la veste bleue.

.•.

Le soleil déjà chaud du printemps brûlait les collines. Depuis quarante jours, pas une goutte de pluie n'était tombée. Dans les champs pâles, de larges taches livides se formaient, comme des lèpres, des brûlures mauvaises.

De tous les douars éparpillés dans la campagne, un grand cri montait vers l'ironie du ciel souriant. Encore la sécheresse, qui décimait les fellah depuis deux ans !

Chez les Chénouï, la misère aigrissait les cœurs. La vieille Kheïra était morte. Le tirailleur était de trop.

Un jour, la haine, latente depuis des mois, qu'il y avait entre Kaddour et Mohammed, les jeta l'un contre l'autre, le couteau à la main. Séparés par le vieux Chénouï, à coups de matraque, ils restèrent tremblants de rage.

Et, malgré les larmes secrètes de Fathma, Kaddour s'en alla, un matin, sans dire adieu aux siens, le cœur durci et fermé à jamais.

... Le long de la route, Kaddour marchait. Le vent sec, achevant de crevasser la terre, fouettait les jambes musclées du bédouin, sous sa gandoura en loques et son burnous fauve. Maigre, les yeux ardents, il retournait là-bas, à la ville, reprendre la veste bleue et la chéchia écarlate.

Sur le flanc des collines brûlées, à travers l'agonie des récoltes, une troupe d'enfants venait. Les garçons, déjà enturbannés, fiers de leurs burnous, les petites filles en *mlahfa*, le front tatoué, l'œil farouche, marchaient promenant une grande poupée, une longue perche affublée d'une gandoura rouge et d'un foulard noir. Sur un air lent et triste, ils chantaient une invocation pour demander la pluie.

Les petits bédouins passèrent, dans la gloire du soleil dévorateur, accomplissant leur rite millénaire, conservé à travers des siècles d'Islam.

Ils passèrent, et le réprouvé, sur la route poudreuse, haussa les épaules.

— Que tout brûle ici ! Là-bas, au quartier, il y aura toujours de la soupe (1).

(1) Isabelle Eberhardt, frappée des difficultés de la réadaptation du soldat de métier à la vie de sa tribu, aurait voulu écrire un roman de mœurs telliennes sur le même sujet.

EN MARGE

CHEMINOT

La route serpente, longue, blanche, vers les lointains bleus, vers les horizons attirants.

Sous le soleil, elle flambe, la route pulvérulente, entre l'or mat des moissons, le rouge des collines que voile une brume incandescente, et le vert sombre de la brousse.

Au loin, fermes opulentes, bordjs délabrés, gourbis pauvres, dans l'accablement du jour, tout dort.

De la plaine monte un chant, long comme la route sans abri, comme la pauvreté sans lendemain de joie, comme une plainte inentendue : le chant des moissonneurs kabyles.

Le blé pâle, l'orge fauve, s'entassent sur la terre épuisée de son labeur d'enfantement.

Mais tout cet or tiède étalé au soleil n'allume pas une lueur dans l'œil vague du cheminot.

Ses loques sont grises... Elles semblent couvertes de la même poussière terne qui adoucit la terre battue au pied nu de l'errant.

Grand, émacié, le profil aigu abrité par l'auvent du voile en loques, la barbe grise et inculte, l'œil terne, les lèvres fendillées par la soif, il va.

Et, quand il passe devant une ferme ou une *mechta*, il s'arrête et frappe le sol de son long bâton d'olivier sauvage.

Sa voix rauque perce le silence de la campagne et il demande le *pain de Dieu*.

Il a raison, le cheminot à la silhouette tragique, le pain sacré qu'il demande sans implorer lui est dû, et l'aumône n'est qu'une faible restitution, comme un aveu d'iniquité.

Le cheminot n'a pas de logis, pas de famille. Libre, il erre et son regard vague fait sien tout ce grand paysage d'Afrique dont, selon son gré, il écarte les bornes, à l'infini.

Quand, las d'avancer, accablé de chaleur, il veut se reposer, les grands lentisques des coteaux et les eucalyptus en pleurs des routes lui offrent leur ombre et la sécurité d'un sommeil sans rêves.

Peut-être, jadis, le cheminot a-t-il souffert d'être un sans-foyer, de ne rien avoir, et aussi, sans doute, de *demander* ce que, d'instinct, il savait dû.

Mais maintenant, après des années longues, toujours pareilles, il n'a plus de désirs, et subit la vie, indifférent.

Souvent, les gendarmes l'ont arrêté et il a

été emprisonné... Mais il n'a jamais compris — on ne le lui a d'ailleurs pas expliqué — pourquoi il pouvait être défendu à un homme de marcher sous la caresse de la bonne lumière féconde, de traverser ce coin de l'univers qui lui semble sien. Il n'a pas compris pourquoi ces gens qui ne lui avaient pas donné d'abris et de pain lui *interdisaient de ne pas en avoir.*

A l'accusation d'être un vagabond, il a toujours répondu : « Je n'ai pas volé, je n'ai pas fait de mal. .» Mais on lui a dit que cela ne suffisait pas, et sa défense simple est restée inentendue...

Et cela lui a semblé injuste, ainsi que beaucoup d'autres choses qui sont écrites pour les illettrés sûr le ruban de la grand'route.

.**.

Mais, la haute taille du cheminot s'est cassée et sa démarche est devenue incertaine : la vieillesse et son usure sont venues prématurées, dans l'abandon.

Un jour, malade d'une de ces tristes maladies de vieillards dont la brève guérison ne console plus, le cheminot tomba sur le bord de la route.

Des musulmans pieux le trouvèrent là et l'emportèrent à l'hôpital. Silencieux, il accepta.

Mais là-bas, le vieil homme des horizons

larges souffrit de l'oppression des murs blancs, de l'espace limité...

Et ce lit trop moelleux lui sembla moins doux et moins sûr que la terre, la bonne terre dont il avait l'accoutumance.

L'ennui le prit, avec la nostalgie de la route libre. Il sentit que, s'il restait là, il mourrait tristement, sans même la consolation des choses dont son œil avait l'habitude.

Avec dédain, on lui rendit ses loques sordides... Mais il ne put marcher longtemps et resta affalé, en ville.

Un agent de police l'aborda, lui offrant son aide. Le cheminot répondit :

— Si tu es musulman, laisse-moi, de grâce... Je veux mourir dehors... dehors ! Laisse-moi.

Et, avec le respect de sa race pour les pauvres et pour les fous, l'agent s'éloigna.

Alors, dans la nuit tiède, le cheminot se traîna hors de la ville hostile et s'endormit sur l'herbe douce, au bord d'un oued qui murmurait à peine.

Sous l'obscurité amie, dans le grand vide d'alentour, le cheminot goûta l'adoucissement du repos non troublé.

Puis, comme il se sentait plus fort, il repartit de nouveau droit devant lui à travers les champs et la brousse.

La nuit finissait. Une lueur pâle montait, profilant en noir les montagnes lointaines de Kabylie. Dans les fermes, le cri enroué des coqs appelait la lumière.

Le cheminot avait dormi sur un talus de gazon que les premières pluies d'automne avaient fait germer.

Une fraîcheur pénétrante flottait dans la brise avec de subtiles senteurs de lis et de cyclamens invisibles.

Le cheminot était bien faible. Une grande langueur envahissait ses membres, mais la toux qui l'avait secoué depuis les premières fraîcheurs s'était calmée.

Il fit jour. Derrière les montagnes, une aube rouge resplendissait, jetant des traînées sanglantes sur le golfe calme où à peine quelques frissons vagues couraient, teintant l'eau de hachures dorées.

La brume infuse voilait à peine d'une haleine éparse les coteaux de Mustapha, et le paysage s'ouvrait, grand, doux, serein. Pas de lignes heurtées, pas d'oppositions de couleurs. Un sourire un peu sensuel et triste aussi planait dans l'assoupissement mal dissipé des choses. Et les membres du cheminot s'engourdissaient.

Il ne songeait à rien, sans désirs ni regrets et,

doucement, dans la solitude de la route, la vie sans complications, et pourtant mystérieuse qui l'avait mû pendant tant d'années, s'endormait en lui ; et c'était sans exhortations ni tisanes, la félicité ineffable de mourir.

Les premiers rayons du soleil tiède, filtrant à travers les voiles humides des eucalyptus, parèrent d'or et de pourpre le profil immobile, les yeux clos, les loques tendues, les pieds nus et poudreux et le long bâton d'olivier : tout ce qui avait été le cheminot, dont l'âme insoupçonnée s'était exhalée en un murmure de vieil Islam résigné, en une harmonie simple avec la mélancolie des choses.

CRIMINEL

Dans le bas-fond humide, entouré de hautes montagnes nues et de falaises rouges, on venait de créer le « centre » de Robespierre.

Les terrains de colonisation avaient été prélevés sur le territoire des Ouled-Bou-Naga, des champs pierreux et roux, pauvres d'ailleurs. Mais les « directeurs », les « inspecteurs » et autres fonctionnaires d'Alger, chargés de « peupler » l'Algérie et de toucher des appointements proconsulaires n'y étaient jamais venus.

Pendant un mois, les paperasses s'étaient accumulées, coûteuses et inutiles, pour donner un semblant de légalité à ce qui, en fait, n'était que la ruine d'une grande tribu et une entreprise aléatoire pour les futurs colons.

Qu'importait ? Ni de la tribu, ni des colons, personne ne se souciait dans les bureaux d'Alger.....

Sur le versant ouest de la montagne, la fraction des Bou-Achour occupait depuis un temps immémorial les meilleures terres de la région.

Unis par une étroite consanguinité, ils vivaient sur leurs terrains sans procéder à aucun partage.

Mais l'expropriation était venue, et on avait procédé à une enquête longue et embrouillée sur les droits *légaux* de chacun des fellah au terrain occupé. Pour cela, on avait fouillé dans les vieux actes jaunis et écornés des cadis de jadis, on avait établi le degré de parenté des Bou-Achour entre eux.

Ensuite, se basant sur ces découvertes, on fit le partage des indemnités à distribuer. Là, encore, la triste comédie bureaucratique porta ses fruits malsains ...

* *
*

Le soleil de l'automne, presque sans ardeur, patinait d'or pâle les bâtiments administratifs, laids et délabrés. Alentour, les maisons en plâtras tombaient en ruines et l'herbe poussait sur les tuiles ternies, délavées.

En face des bureaux, la troupe grise des Ouled-Bou-Naga s'entassait. Accroupis à terre, enveloppés dans leurs burnous d'une teinte uniformément terreuse, ils attendaient, résignés, passifs.

Il y avait là toutes les variétés du type tellien : profils berbères aux traits minces, aux yeux roux d'oiseau de proie ; faces alourdies de sang noir, lippues, glabres ; visages arabes, aquilins et sévères.

Les voiles roulés de cordelettes fauves et les vêtements flottants, ondoyant au gré des attitudes et des gestes, donnaient aux Africains une nuance d'archaïsme, et sans les laides constructions « européennes » d'en face, la vision eût été sans âge.

Mohammed Achouri, un grand vieillard maigre au visage ascétique, aux traits durs, à l'œil soucieux, attendait un peu à l'écart, roulant entre ses doigts osseux les grains jaunes de son chapelet. Son regard se perdait dans les lointains où une poussière d'or terne flottait.

Les fellah, soucieux sous leur apparence résignée et fermée, parlaient peu.

On allait leur payer leurs terres, justifier les avantages qu'on avait, avant la pression définitive, fait miroiter à leurs yeux avides, à leurs yeux de pauvres et de simples.

Et une angoisse leur venait d'attendre aussi longtemps... On les avait convoqués pour le mardi, mais on était déjà au matin du vendredi et on ne leur avait encore rien donné.

Tous les matins, ils venaient là, et, patiemment, attendaient. Puis, ils se dispersaient par groupes dans les cafés maures de C..., mangeaient un morceau de galette noire, apportée du douar et durcie, et buvaient une tasse de café d'un sou... Puis, à une heure, ils retournaient s'asseoir le long du mur et attendre... Au « magh'reb », ils s'en allaient, tristes, découragés, disant tout bas des paroles de résignation... et la houle d'or rouge du soleil couchant magnifiait leurs loques, parait leur lente souffrance.

A la fin, beaucoup d'entre eux n'avaient plus ni pain, ni argent pour rester à la ville. Quelques-uns couchaient au pied d'un mur, roulés dans leurs haillons...

Devant les bureaux, un groupe d'hommes discutaient et riaient : cavaliers et gardes-champêtres se drapaient dans leur grand burnous bleu et parlaient de leurs aventures de femmes, voire même de boisson.

Parfois, un fellah, timidement, venait les consulter... Alors, avec le geste évasif de la main, familier aux musulmans, les *makhzenia* (1) et les *chenâbeth* (2) qui ne savaient pas, eux aussi, répondaient :

— *Osbor* !.. Patiente...

Le fellah courbait la tête, retournait à sa place, murmurant :

— Il n'est d'aide et de force qu'en Dieu le Très Haut !

Mohammed Achouri réfléchissait et, mainte-

---

(1) *Mokhazni*, cavalier d'administration.

(2) *Chenâbeth*, pluriel, par formation arabe, du mot sabir *Chambith*, garde-champêtre.

nant, il doutait, il regrettait d'avoir cédé ses terres. Son cœur de paysan saignait à la pensée qu'il n'avait plus de terre...

De l'argent ?

D'abord, combien lui en donnerait-on ?... puis, qu'en ferait-il ? où irait-il acheter un autre champ, à présent qu'il avait vendu le lopin de terre nourricière ?...

Enfin, vers neuf heures, le caïd des Ouled-Bou-Naga, un grand jeune homme bronzé, au regard dur et fermé, vint procéder à l'appel nominatif des gens de sa tribu... Un papier à la main, il était debout sur le seuil des bureaux. Les fellah s'étaient levés avec une ondulation marine de leurs burnous déployés... Ils voulurent saluer leur caïd... Les uns baisèrent son turban, les autres son épaule. Mais il les écarta du geste et commença l'appel. Son garde-champêtre, petit vieillard chenu et fureteur, poussait vers la droite ceux qui avaient répondu à l'appel de leur nom, soit par le « *naâm* » traditionnel, soit par : « C'est moi... » Quelques-uns risquèrent même un militaire « brésent ! » (présent).

Après, le caïd les conduisit devant les bureaux qu'ils désignent du nom générique de « Do-maine » (recette, contributions, domaines, etc.).

Le caïd entra. On lui offrit une chaise.

Un cavalier, sur le seuil, appelait les Ouled-Bou-Naga et les introduisait un à un.

Parmi les derniers, Mohammed Achouri fut introduit.

Devant un bureau noir tailladé au canif, un fonctionnaire européen, en complet râpé, siégeait. Le khodja, jeune et myope, avec un pince-nez, traduisait debout.

— Achouri Mohammed ben Hamza... Tu es l'arrière-petit-cousin d'Ahmed Djilali ben Djilali, qui possédait les terrains du lieu dit « Oued-Nouar », fraction des Bou-Achour. Tu as donc des droits légaux de propriété sur les champs dit Zebboudja et Nafra... Tous comptes faits, tous frais payés, tu as à toucher, pour indemnité de vente, la somme de *onze centimes et demi* (1)... Comme il n'y a pas de centimes, voilà.

Et le fonctionnaire posa deux sous dans la main tendue du fellah.

Mohammed Achouri demeura immobile, attendant toujours.

— Allez, *roh ! balek !*

— Mais j'ai vendu ma terre, une charrue et demie de champs et plusieurs hectares de forêts (broussailles)... Donne-moi mon argent !

— Mais tu l'as touché... C'est tout ! Allez, à un autre ! Abdallah ben Taïeb Djellouli !

— Mais ce n'est pas un payement, deux sous !... Dieu est témoin...

(1) Rigoureusement authentique (*Note de l'auteur*).

— Nom de Dieu d'imbécile ! *Balek fissaâ* !

Le cavalier poussa dehors le fellah qui, aussitôt dans la rue, courba la tête, sachant combien il était inutile de discuter.

En un groupe compact, les Ouled-Bou-Naga restaient là, comme si une lueur d'espoir leur restait dans l'inclémence des choses. Ils avaient le regard effaré et tristement stupide des moutons à l'abattoir.

— Il faut aller réclamer à l'administrateur, suggéra Mohammed Achouri.

Et ils se rendirent en petit nombre vers les bureaux de la commune mixte, au milieu de la ville.

L'administrateur, brave homme, eut un geste évasif des mains... — Je n'y peux rien... Je leur ai bien dit, à Alger, que c'était la ruine pour la tribu... Ils n'ont rien voulu savoir, ils commandent, nous obéissons... Il n'y a rien à faire.

Et il avait honte, en disant cela, honte de l'œuvre mauvaise qu'on l'obligeait à faire.

Alors, puisque le *hakem* qui ne leur avait personnellement jamais fait de mal, leur disait qu'il n'y avait rien à faire, ils acceptèrent en silence leur ruine et s'en allèrent, vers la vallée natale, où ils n'étaient que des pauvres désormais.

Ils ne parvenaient surtout pas à comprendre, et cela leur semblait injuste, que quelques-uns d'entre eux avaient touché des sommes relativement fortes, quoique ayant toujours labouré une étendue bien inférieure à celle qu'occupaient d'autres qui n'avaient touché que des centimes, comme Mohammed Achouri.

Un cavalier, fils de fellah, voulut bien leur expliquer la cause de cette inégalité de traitement.

— Mais qu'importe la parenté avec des gens qui sont morts et que Dieu a en sa miséricorde ? dit Achouri. Puisque nous vivions en commun, il fallait donner le plus d'argent à celui qui labourait le plus de terre !...

— Que veux-tu ? Ce sont les *hokkam*... Ils savent mieux que nous... Dieu l'a voulu ainsi...

Mohammed Achouri, ne trouvant plus de quoi vivre, quand le produit de la vente de ses bêtes fut épuisé, s'engagea comme valet de ferme chez M. Gaillard, le colon qui avait eu la plus grande partie des terres des Bou-Achour.

M. Gaillard était un brave homme, un peu rude d'ailleurs, énergique et, au fond, bon et honnête.

Il avait remarqué l'attitude nettement fermée, sournoise de son valet. Les autres domestiques issus de la tribu étaient, eux aussi, hostiles, mais Mohammed Achouri manifestait un éloignement plus résolu, plus franc pour le colon, aux rondeurs bon enfant duquel il ne répondait jamais.

Au lendemain de la moisson, comme le cœur des fellah saignait de voir s'entasser toute cette belle richesse née de leur terre, les meules de M. Gaillard et sa grange à peine terminée flambèrent par une belle nuit obscure et chaude.

Des preuves écrasantes furent réunies contre Achouri. Il nia, tranquillement, obstinément, comme dernier argument de défense.... Et il fut condamné.

Son esprit obtus d'homme simple, son cœur de pauvre dépouillé et trompé au nom de lois qu'il ne pouvait comprendre, avaient dans l'impossibilité où il était de se venger du Beylik, dirigé toute sa haine et sa rancune contre le colon, l'usurpateur. C'était celui-là, probablement, qui s'était moqué des fellah et qui lui avait donné à lui, Achouri, les dérisoires *deux sous* d'indemnité pour toute cette terre qu'il lui avait prise ! Lui, au moins, il était à la portée de la vengeance...

Et, l'attentat consommé, cet attentat que Mohammed Achouri continuait à considérer comme une œuvre de justice, le colon se demandait avec une stupeur douloureuse ce qu'il avait fait à cet Arabe à qui il donnait du travail, pour en être haï à ce point... Ils ne se doutaient guère, l'un et l'autre, qu'ils étaient maintenant les solidaires victimes d'une même iniquité grotesquement triste !

Le colon, proche et accessible, avait payé

pour les fonctionnaires lointains, bien tranquilles dans leurs palais d'Alger... Et le fellah ruiné avait frappé, car le crime est souvent, surtout chez les humiliés, un dernier geste de liberté.

HAUSSER LE TRAVE

A perte de vue, des ondulations basses de Taourira aux montagnes bleues des Beni-Haoua, la forêt de chênes-lièges moutonnait, sombre, marine, sous la caresse du vent.

Sur les dos arrondis des collines, dominant la houle verte d'en bas, c'était le maquis épais, la puissante brousse africaine : l'argent des lavandes et des absinthes amères dans le velours profond, presque noir, des lentisques nains, l'or pâle des jujubiers épineux sur le gris terne des oliviers sauvages, l'émeraude des myrtes dans le brun obscur des romarins, les éventails mordorés, tachés de rouille, des palmiers *doum* au milieu des chevelures grisonnantes de l'alfa... et çà et là, des espaces nus, des lèpres crayeuses, coupées d'âpres falaises rouges, d'oueds desséchés, envahis de lauriers-roses, sur les galets blanchissant comme des ossements.

Sous l'ardente caresse du soleil, une senteur forte de vie et de fécondité montait de cette terre haletante de chaleur...

Au milieu d'une grande clairière, des gourbis, des baraques en troncs à peine équarris, des tentes blanches, une petite enceinte en terre : le camp des travaux publics, le détachement envoyé de l'atelier d'Orléansville aux chantiers de chêne-liège de Bissa.

Ils vivaient là, ragaillardis par le grand air, par le bon soleil déjà chaud du printemps qui effaçait leur pâleur morne de reclus. Des chants montaient de la forêt, aux heures de travail, même des éclats de rire... Et pourtant, les hommes à l'impassible visage de bronze, en veste bleue, ceinturés et coiffés d'écarlate qui circulaient alentour, inexorables, le fusil chargé sur l'épaule, et le revolver des chaouchs hargneux, demeuraient une double menace perpétuelle.

*
* *

Jean Hausser, la forte tête du détachement, avait encore treize ans à tirer. Un soir de *fièvre tafialique*, à Bel-Abbès, légionnaire, il avait insulté et menacé le sergent de sa section... Grand, les muscles saillants sur sa robuste charpente, l'œil gris et vif sous la longue visière, Hausser était très fier des tatouages qui illustraient son corps : scènes de l'histoire de France, portraits de personnages illustres, inscriptions patriotiques(1).

Après s'être, selon son expression, fait *bouillir le cuir* pendant deux ans dans l'ardente plaine du Chélif, il avait été envoyé à Bissa. Malgré la déveine qui l'avait fait passer au tourniquet, il était donc quand même né sous une heureuse étoile. En effet, si on trimait toujours ferme, et si les chaouchs n'étaient pas devenus meilleurs, il y avait au moins de l'air et aussi, dans tous les cœurs, un espoir plus vivace d'évasion possible. Et puis, pour le détenu, tout changement, parfois même aggravant son sort, est une chance.

(1) D'une autre version :
Depuis deux ans, Hausser dit *Pied de bœuf*, trimait, aux travaux publics, à l'atelier d'Orléansville.

A Bel-Abbès, légionnaire, *Pied de bœuf* avait, en un moment d'impatience, insulté un sergent : dix ans de travaux.

Maintenant, c'était le printemps, et, tout à coup, une nouvelle se répandit parmi les *Traves*, joyeuse : on allait en envoyer une partie aux chantiers de liége, dans les environs de Ténès.

Tout l'espoir des détenus se résume en ceci : changer d'atelier, si l'évasion n'est pas possible.

Et ce fut la joie au cœur, en chantant, que les *Traves* se mirent en route, un matin, pour la grande forêt de Sinfita. *Pied de bœuf* en était.

Mornes, les autres, ceux qui restaient, suivirent des yeux le détachement qui partait, encadré de gendarmes à cheval et de tirailleurs...

Hausser dédaignait ses camarades. Il n'avait trouvé, parmi eux, aucun qui fût digne de devenir son *frangin*. Il trimait en silence, tout seul, et, tout seul aussi, s'enivrait.

... C'était décidé, cela, dès l'arrivée du détachement au chantier. Hausser avait tout calculé d'avance, tout pesé. Et, après, calme, sans hâte, il attendait l'occasion.

Elle vint. Un soir, le sergent l'envoya remplir des bidons à la source d'Aïn-Taïba, en dehors du camp. Un seul homme l'accompagnait, un bleu. Hausser causa au soldat, plaisanta. L'autre, tout jeune, naïf encore et indécis en son redoutable métier de geôlier en plein air, répondit, souriant. Hausser fit mine de se pencher sur le réservoir où coulait l'eau de la source.

— Tiens, dit-il, qu'est-ce qu'il y a là au fond. Le tirailleur se pencha à son tour... Il fut saisi à la gorge, terrassé, bâillonné avec un chiffon mouillé, préparé d'avance.

Ligoté avec sa propre ceinture, le soldat resta couché près de son fusil inutile. Hausser le fouilla, lui prenant monnaie et tabac, puis, il fila dans la forêt, changea de direction, gagnant la brousse; il n'avait pas voulu faire son affaire au tirailleur. On ne savait jamais, on risquait d'être repris, et, alors, ça faisait une sale affaire.

Hausser, étendu dans la brousse, à quelques

kilomètres du camp, attendait la tombée de la nuit : il avait son idée, qui le faisait sourire d'aise.

Quand il fut presque nuit, il descendit dans un oued, à l'orée de la chênaie. Il entassa des feuilles sèches de palmier-nain contre la broussaille résineuse. Il y mit le feu : comme cela, ça couverait longtemps, car le doum est comme de l'amadou, et il aurait le temps de s'éloigner. « V'là de l'ouvrage pour les hirondelles de potence ! Plus souvent qu'y vont me courir après... à présent !

Et il s'en alla vers l'est, alerte et dispos, tandis que, derrière lui, une aube rouge montait, envahissant bientôt la moitié du ciel. Le vent fraîchissant roulait une houle de flammes sur la forêt et sur la brousse.

*
* *

Après des jours de fringale, au fond des oueds, et des nuits de marche, Hausser, épuisé, arriva dans les environs de Cherchell.

Enfin, une lessive hasardeusement étendue sur une haie vive lui fournit une blouse, un pantalon, une chemise.

Une casquette hors d'usage ramassée sur un tas d'ordures compléta sa « tenue civile ». Quant aux vêtements de *trave*, il les jeta au fond d'un oued embroussaillé de ronces : ni vu, ni connu !

Alors, joyeux, Hausser gagna Cherchell : maintenant, il était libre, définitivement.

*
* *

Pendant des mois, Hausser travailla chez des colons, en une quiétude parfaite. Il en arriva peu à peu à oublier presque ses treize années de bagne qui lui restaient à subir, et qui le guettaient à chaque instant. Barbu, redevenu fort et souple, se faisant appeler Pierre Godard, qui le reconnaîtrait ?

Hausser s'enhardit même jusqu'à accepter une place de charretier à Duperré... bien près, pourtant, d'Orléansville.

Et là, très vite, un de ces hasards bêtes et meurtriers, qui brisent tout à coup les vies, perdit Hausser.

C'était à l'époque du tapage et des beuveries, à l'occasion des élections municipales. Le patron de Hausser se présentait comme conseiller. Il paya à boire, largement.

Et Hausser, qui ne pouvait même pas voter, vivant sous un faux nom, se mêla aveuglement à ces choses, il but ; il se mêla à des groupes, il pérora... Le soir, dans l'ivresse plus ardente, il y eut une bagarre, Hausser, avec ses poings de géant, tapa, blessant du monde... Puis, comme une masse, ivre et à moitié assommé, on le porta à la geôle.

Le réveil fut sombre. Maintenant, s'il s'en tirait, ce serait bien par un miracle !

Devant le commissaire, Hausser voulut lutter jusqu'à la fin. Il s'appelait Godard, il avait perdu ses papiers, il était honorablement connu en ville... Oui, mais où avait-il fait son service militaire ? Il répondit, sans se troubler, qu'il avait été réformé ayant les poumons malades... Alors, une autre question vint, plus redoutable ; où avait-il passé son conseil de revision ? Hausser pâlit un peu. A Lorient...

C'était loin... Pourtant, il y avait le télégraphe, on pourrait savoir... Que faire ?

Depuis un instant dans le jour gris et terne tamisé par les croisées sales, le commissaire feuilletait les vieux signalements des individus recherchés. Un silence lourd régnait dans la laideur pauvre du bureau de police. Dehors, un enfant arabe chantait.

Le commissaire releva la tête, considéra Hausser. Puis, tout à coup, il se tourna vers le planton.

— Défrusque-moi cet homme-là.

Et le commissaire sourit... C'était fini.

Alors, crânement, Hausser se déshabilla lui-même.

—Mon garçon, lui dit le commissaire, quand on a treize ans à tirer aux travaux et surtout quand on est ornementé dans votre style, on ne fait pas de politique... C'est malsain !

Hausser resta calme. Il se consolait, songeant qu'il avait quand même su s'évader et vivre en liberté pendant près d'un an. Et puis, on ne le renverrait plus à Orléansville : évasion avec violence sur le factionnaire, incendie, c'étaient les travaux forcés, cette fois.

Il se redressa, goguenard. — Ben quoi, m'sieu le commissaire ? Oui, c'est vrai, c'est moi que je suis Hausser. Et pis ? C'est y qu'y en a beaucoup de comme moi ? Pt'ête ben que vous-même, que vous êtes galonné et tout, et que vous vous f..... du public, à c'te heure, vous seriez pas fichu d'faire ce que j'ai fait. Pis, dites-le vous bien, si ç'avait pas été qu'on s'a soûlé, c'est pas encore vous, ben sûr, que vous m'auriez pigé !

— Taisez-vous ! Allez avec l'agent, qui vous mènera à la gendarmerie. En avant !

—C'est bon... c'est bon ! On y va. Comme c'est pour longtemps, pas b'soin d'se presser.

PRISONNIERS SUR LA ROUTE

Sous la caresse du soleil dissipant lentement la buée violette de la nuit, la plaine s'étend, immense, toute rose, tachetée de noir, comme une peau de panthère étalée : elle est couverte de petits arbrisseaux gris, coriaces, rampants, qui sont des *chih* et des *timzrith* et qui, lavés de rosée, embaument.

Heure bénie, heure légère de l'aube dans la plaine libre où la lumière vivifiante roule sa vague de feu, sans obstacle, d'une plage du ciel à l'autre... Heure où l'on oublie la fatigue et la morne somnolence de la route nocturne, longue, monotone, dans le froid qui, avec l'invincible sommeil, engourdit hommes et chevaux..., heure où la gaîté des choses réveillées pénètre les âmes...

Là-bas, vers le sud, la plaine s'ouvre, infinie, attirante... L'horizon est encore voilé de brume légère... Ce sont les chotts limpides et bleus, les *sebhka* perfides, les sables blonds, les montagnes étranges de la chaîne saharienne aux

sommets en terrasses, puis, le désert avec toute
sa lumière resplendissante et morne..., son
éternel et décevant printemps, sa vie libre et
errante et son bienfaisant silence.

Au nord, de hautes montagnes barrent l'horizon, azurées, aux crêtes neigeuses, précédées
de collines pâles, blanchâtres où glissent les
lueurs roses du soleil... Et là est le Tell, avec
les villes, les chemins de fer, les haines, les
hypocrisies, le bruit agaçant, l'ennui lourd et
exaspérant de la vie « civilisée ».

Elle est déserte, cette route de Boghari à
Laghouat... Rarement, on croise quelques
lourds chariots attelés de six ou sept mulets
au pesant collier surchargé de sonnailles.
Les cochers, en blouses et turbans, sommeillent
assis de 'côté sur l'avant-train, leur fouet au
cou... Quelques-uns, conservant des âmes de
bédouins à travers les vicissitudes du *trabadjar*
européen, chantent ou tirent d'un petit *djouak*
en roseau des sons d'une immatérielle tristesse
lente, exprimée en un souffle ou en un murmure
d'eau courante.

Mais, vers le Nord, un petit tourbillon de
poussière fauve monte, comme une fumée
rousse. Cela se rapproche, et bientôt on distin-
gue une troupe noirâtre de piétons qui avancent
entre des cavaliers rouges.

Un convoi de prisonniers...

Soldats en uniformes râpés et souillés, chargés pesamment de sacs, beaucoup portent deux fusils qui leur battent dans le dos ; d'autres, les épaules serrées dans un carcan fait de deux bûches attachées au-dessus des bras. Arabes enchaînés, pieds nus, obligés de marcher au milieu de la route, sur les cailloux aigus.

Les militaires s'en vont aux compagnies de discipline, à Laghouat sans doute. Les indigènes, à Taadmith, le bagne administratif, mystérieusement caché dans les hauteurs les plus glacées et les plus inhospitalières des Hauts Plateaux et dont le nom seul fait frémir.

Et tous ces hommes que, civils comme militaires, aucune juridiction régulière n'a jugés, qui sont livrés au bon plaisir de chefs hiérarchiques et d'administrateurs qui les condamnent sans appel, en dehors de toutes les formes élaborées par les codes, s'en vont, mornes, l'œil sombre, le visage poussiéreux et ruisselant de sueurs, vers les géhennes obscures du sud, où leurs souffrances sont sans témoins, et leurs plaintes sans écho... Démenti flagrant jeté à la vantardise et à l'orgueil de l'hypocrite civilisation !

Les musulmans échangent avec les passants le salut de paix... Quelques-uns se retournent vers ces inconnus qui s'en vont, libres, et les regardent, comme cherchant auprès d'eux un appui.

Mais la troupe douloureuse passe, s'éloigne,

et bientôt, dans le rayonnement rouge du matin, elle n'apparaît plus, de nouveau, que comme un petit tourbillon de fumée fauve qui se dissipe et disparaît.

Vision de mauvais rêve !

Boghari, février 1903.

ILOTES DU SUD

En dehors de la ville, au pied des dunes grises, un carré de maçonnerie sans toit, aux murs percés d'ouvertures en forme de trèfles, se dresse, projetant une courte ombre transparente sous les rayons presque perpendiculaires du soleil, au milieu du flamboiement inouï de tout ce sable blanc qui, vaste fournaise, s'étend à l'infini, des petites maisons à coupoles de la ville aux dos monstrueux de l'Erg.

Un chant lent et triste monte de cette singulière construction, avec le grincement continu, obsédant d'une roue et de chaînes mal graissées.

Dans la petite bande d'ombre bleue, un homme vêtu de blanc, coiffé du haut turban à cordelettes noires, est à demi couché, un bâton à la main. Il fume et il rêve. De temps en temps, quand le grincement se fait plus sourd et plus lent, l'homme crie : « Pompez ! Pompez ! »

A l'intérieur, trois ou quatre hommes maigres et bronzés, vêtus de laine blanche, tournent péniblement un treuil rouillé, et la chaîne fait monter l'eau qui coule avec un bruissement frais dans les petites *séguia* de plâtre.

Ils tournent, ils tournent, accablés, ruisselants de sueur. Si le spahi de garde est un brave garçon, conservant sous la livrée du métier de dureté la reconnaissance d'une commune origine, les pauvres diables peuvent s'arrêter parfois, éponger leur front en sueur... Sinon, pompez, pompez toujours !

Et ainsi toute la longue journée, avec, au cœur, l'angoisse de se demander si leurs parents leur apporteront un peu de pain ou de couscous, car l'Etat ne leur donne rien, sauf l'écrasant travail sous le ciel de plomb, sur le sable calciné... Ceux qui viennent de loin, attendent, plus mornes, la dérisoire pitance que leur accorde la « commune » par l'intermédiaire du *dar-ed-diaf*, et qui suffit à peine à entretenir leur existence.

— Pourquoi es-tu en prison ? demande le spahi à un nouveau venu, grand garçon mince, au profil d'oiseau de proie.

— Hier, je sommeillais devant le café de Hama Ali. Le lieutenant de tirailleurs a passé et je ne l'ai pas salué... Alors, il m'a donné des coups de canne et s'est plaint au bureau arabe. Le capitaine m'a mis quinze jours de prison et quinze francs d'amende.

Le spahi, récemment arrivé des territoires civils, s'étonne :

— Alors, ici, les Arabes sont tenus de saluer les officiers, comme nous autres, les militaires?

— Oui, tous les officiers... sinon, on est battu et emprisonné... Nous avons eu un lieutenant qui obligeait même les femmes à le saluer... Oh, le régime militaire est serré, terrible !

Le spahi, indifférent, continue son interrogatoire.

— Et toi, le vieux? La question s'adresse à un petit vieux timide et silencieux. .

— Moi... je suis des Ouled-Saoud. Alors, comme la maîtresse du lieutenant Durand est partie, et qu'elle avait beaucoup de bagages, le lieutenant a donné des ordres aux caïds. Le mien m'avait ordonné d'amener ma chamelle, mais comme elle est blessée au dos, je n'ai pas voulu la prêter. Je suis en prison depuis huit jours. Le lieutenant, en m'interrogeant, m'a donné une gifle quand j'ai dit que ma chamelle était malade et on ne m'a pas dit combien de prison j'ai à faire... Dieu m'est témoin que ma chamelle est blessée...

Lancé sur le chapitre des doléances, le vieux qu'on n'écoute plus continue à larmoyer sa détresse prolixe.

— Moi, dit un troisième, je suis venu au marché où j'ai vendu un pot de beurre. Le lendemain, je devais en toucher le prix, mais il y avait une lettre pressée pour le cheikh de Debila... Alors, on me l'a remise en m'ordonnant de repartir de suite... J'ai eu beau supplier, j'ai été menacé de la prison. Alors, pour ne pas perdre le prix de mon beurre, j'ai fait semblant de partir, restant jusqu'au matin. Ça s'est su, Dieu sait comment, et je suis en prison pour quinze jours, avec quinze francs d'amende.

— Tu aurais mieux fait de perdre le prix du beurre, alors, remarque judicieusement le spahi.

Mais tout ça « c'est des histoires ! » Et il retourne se coucher à l'ombre, criant aux prisonniers : « Pompez ! »

Et le grincement monotone reprend, en même temps que le chant long, plaintif des prisonniers qui semblent dévider indéfiniment leurs tristesses, leurs timides récriminations contre cette puissance redoutable, qui broie et écrase toute leur race : l'Indigénat discrétionnaire.

LES ENJÔLÉS

Le soleil clair d'automne effleurait d'une tiédeur attendrie les platanes jaunis et les feuilles éparses sur le sable herbu de la Place du Rocher, la plus belle de la croulante Ténès. Dans la limpidité sonore de l'air, les sons gais et excitants des clairons retentissent, alternant avec les accents plus mélancoliques et plus africains de la *nouba* arabe... Déployant toute la fausse pompe militaire, revêtus de leurs vestes les moins usées, de leurs *chéchias* les moins déteintes, les tirailleurs passèrent... Il leur était permis de parler aux jeunes hommes de leur race qui, curieux ou attirés instinctivement par ce tableau coloré, suivaient le défilé.

Et les mercenaires, par obéissance et aussi par un malin plaisir, faisaient miroiter aux yeux des *fellah* les avantages merveilleux de l'état militaire, donnant sur leur vie des détails fantastiques.

Parmi ceux qui suivaient, attentifs aux

propos des soldats, Ziani Djilali ben Kaddour, bûcheron de la tribu de Chârir, se distinguait par sa haute taille, son fin profil aquilin et son allure fière.

Ce qui l'avait le plus frappé dans les discours des tirailleurs, c'était leur affirmation qu'ils ne payaient pas d'impôts. D'abord, il avait été incrédule : de tous temps, les Arabes avaient payé l'impôt au Beylik... Mais Mustapha le cafetier lui avait certifié que les *askar* (soldats) avaient dit vrai... Et Djilali réfléchissait.

Son père se faisait vieux. Ses frères étaient encore jeunes et, bientôt, ce serait sur lui que retomberait tout le labeur de la *mechta*, et l'entretien de sa famille, et l'impôt, et le payement des sommes empruntées au riche usurier Faguet et aux Zouaoua...

Comment ferait-il ? Leur champ était trop petit et mal exposé, mangé de toutes parts par les éboulements de rochers et la brousse envahissante... Pour achever de lui rendre le séjour de son gourbi insupportable, sa jeune femme venait de mourir en couches...

Vivre sans s'inquiéter de rien, être bien vêtu, bien nourri, ne pas payer d'impôts et avoir des armes, tout cela séduisit Djilali, et il s'engagea avec d'autres jeunes gens, comme lui crédules, avides d'inconnu et d'apparat...

Le vieux Kaddour, brisé par l'âge et la douleur, le vieux père en haillons accompagna en pleurant les jeunes recrues qui partaient pour le dépôt des tirailleurs, à Blida... Puis, il rentra, plus cassé et plus abattu, sous le toit de *diss* de son gourbi, pour y mourir, résigné, car telle était la volonté de Dieu.

A la caserne, ce fut, pour Djilali, une désillusion rapide. Tout ce qu'on lui avait montré de la vie militaire avant son engagement n'était que parade et leurre. Il s'était laissé prendre comme un oiseau dans les filets. Il eut des heures de révolte, mais on le soumit par la peur de la souffrance et de la mort... Peu à peu, il se fit à l'obéissance passive, au travail sans intérêt et sans utilité réelle, à la routine à la fois dure et facile du soldat où la responsabilité matérielle de la vie réelle est remplacée par une autre, factice.

La boisson et la débauche dans les bouges crapuleux remplacèrent pour lui les libres et périlleuses amours de la brousse, où il fallait de l'audace et du courage pour être aimé des bédouines aux yeux d'ombre et au visage tatoué.

Le cœur du fellah s'endurcit et s'assoupit. Il cessa de penser à la *mechta* natale, à son vieux père et à ses jeunes frères: il devint soldat.

Trois années s'écoulèrent.

L'automne revint, l'incomparable automne d'Afrique avec son pâle renouveau, ses herbes vertes et ses fleurs odorantes cachées dans le maquis sauvage. A l'ombre des montagnes, les coteaux de Chârir reverdissaient, dominant la route de Mostaganem et l'échancrure harmonieuse du grand golfe bleu, très calme et très uni, avec à peine quelques stries roses.

Sur la route détrempée par les premières pluies vivifiantes, les tirailleurs en manœuvres passent, maussades et crottés. Sur leurs visages bronzés et durs, la sueur et la boue se mêlent et, souvent, en un geste exaspéré, une manche de grosse toile blanche essuie un front en moiteur.... Avec un juron, blasphème ou obscénité, les épaules lasses déplacent la morsure lancinante des bretelles de la lourde berdha (1).

Depuis que, au hasard des « opérations », sa compagnie est venue là, dans la région montagneuse et ravinée de Ténès, Ziani Djilali éprouve un malaise étrange, de la honte et du remords...

Mais la compagnie passe au pied des collines de Chârir et Djilali regarde le coteau où était sa *mechta*, près de la *koubba* et du cimetière où dort son vieux père qu'il a abandonné... Les frères, dispersés, sont devenus

(1) Berdha, bât de mulet, nom expressif que donnent à leur sac les tirailleurs indigènes

ouvriers chez des colons, vêtus de haillons européens, méconnaissables, ils errent de ferme en ferme. Le gourbi a été vendu et Djilali regarde d'un regard singulier, un *fellah* quelconque qui coupe des épines sur le champ qui était à lui, jadis, sur l'ancien champ des « Ziani ». Dans ce regard, il y a le désespoir affreux de la bête prise au piège, et la haine instinctive du paysan à qui on a pris *sa terre*, et la tristesse de l'exilé...

Oh ! elle a beau retentir maintenant, la musique menteuse, elle ne trompe plus le *fellah* et elle ne l'entraîne plus, il se sent un poids dans le cœur, il voit bien qu'il a conclu un marché trompeur, que sa place n'est pas loin des siens, mais bien sur la terre nourricière, sous les haillons du laboureur, dans la vie pauvre de ses ancêtres !

Et, d'un geste rageur, au revers de sa manche il essuie la sueur et la poussière de son front, et les larmes de ses yeux... Puis, il courbe la tête et continue sa route, car nul ne peut lutter contre le *mektoub* de Dieu.

DANS LE SENTIER DE DIEU

Les champs crevassés agonisaient sous le soleil. Les collines fauves, nues, coupées de falaises qu'ensanglantaient les ocres et les rouilles, fermaient l'horizon où des vapeurs troubles traînaient.

Çà et là, tranchant durement sur le rayonnement terne du sol, quelques silhouettes noires de caroubiers ou d'oliviers sauvages jetaient une ombre courte, rougeâtre.

Vers le sud, au delà des ondulations basses et des ravins desséchés où se mouraient les lauriers-roses, une ligne s'étendait, d'un bleu sombre, presque marin : la grande plaine du Hodna, barrée, très loin et très haut dans le ciel morne, par la muraille azurée, toute vaporeuse, du djebel Ouled-Naïl.

L'immense campagne calcinée dormait dans la chaleur et la soif. Quelques broussailles de jujubiers et de lentisques nains avaient poussé à l'ombre grêle d'un bouquet d'oliviers grisâtres, aux troncs contournés et bizarres. Les menues herbes du printemps, desséchées, tombaient en poussière, parmi l'envahissement épineux des chardons poudreux.

Enveloppé de loques terreuses, un vieillard était couché là, seul dans tout ce vide et ce silence. Décharné, le visage osseux, de la teinte brune rougeâtre de la terre alentour, avec une longue barbe grise, l'œil clos, il semblait mort, tellement son souffle était faible et son attitude raidie.

Près de lui, dans un tesson de terre cuite, quelques débris de galette azyme attestaient la charité des croyants de quelque douar voisin, caché dans les ravins profonds.

Un essaim de mouches exaspérées couvrait le visage et les mains noueuses du vieux, dont le soleil brûlait les pieds nus. Insensible, il dormait béatement.

Sur la piste qui serpentait au pied des collines, trois cavaliers parurent: un Européen, portant le képi brodé des administrateurs, et deux indigènes drapés dans le burnous bleu du makhzen.

Le roumi aperçut le vieillard endormi et sa pitié en fut émue. Aux questions des mokhaznis, l'errant répondit de sa voix presque éteinte déjà : « Je suis Abdelkader ben Maammar, des Ouled-Darradj de Barika. Je ne fais point de mal, et comme je n'ai rien, sauf la crainte de Dieu, c'est Dieu qui pourvoit à la vie qu'il m'a donnée, jusqu'à ce que l'heure soit sonnée. »

Mais le *hakem* roumi crut devoir adoucir les dernières heures du vieux musulman, et il lui dit qu'il serait transporté à dos de mulet jusqu'à l'hôpital de Bordj-bou-Arreridj, où il aurait un bon lit et une nourriture suffisante. Il pourrait s'y reposer, y reprendre au moins quelques forces.

Insensible, sans un mot, le vieillard se laissa charger sur un mulet amené du douar. Le *hakem* en avait décidé ainsi et lui, l'Arabe, n'avait pas à juger cette décision. Il se soumettait sans joie ni révolte, parce que c'était ainsi.

* *

Couché sur l'étroit lit blanc, lavé de ses souillures et revêtu de linges immaculés, l'errant semblait se rétablir, revenir à la vie.

Pourtant, il gardait son silence farouche. Obstinément il tournait le vague de son regard terne vers la large baie ouverte sur le vide du ciel incandescent. Dans tout ce bien-être inusité, lui, le nomade, fils de nomades, regrettait la misère pouilleuse et les longues marches pénibles sous le soleil de feu, à la recherche des maigres offrandes *dans le sentier de Dieu...*

Et bientôt cette longue salle blanche et

sévère, ce lit trop doux, ce calme et cette abondance lui devinrent intolérables...

Il se dit guéri, supplia en pleurant les médecins de le laisser partir. On l'accusa d'ingratitude, on lui dit qu'il n'était qu'un sauvage, et, pour s'en débarrasser, on le laissa sortir.

Un matin limpide, dans la grande joie du jour commençant, il reprit ses haillons et son long bâton d'olivier. Sans un regret, presque allègrement, il se hâta vers la porte de la ville et s'en alla, sordide et superbe dans le soleil levant.

*
* *

Sur la croupe nue d'une colline aride, en face du Hodna bleuâtre, immense et monotone comme la mer, une koubba blanche dressait la silhouette neigeuse de ses murs rectilignes, de sa coupole ovoïde.

Alentour, pas un arbre, pas une ombre sur la terre brûlée, d'un rouge sombre qui flambait au soleil.

Vers le nord, les coteaux s'étageaient, comme les vagues figées d'un océan tourmenté. Ils allaient, montant insensiblement, jusqu'à la montagne géante des monts de Kabylie.

Une famille grise de petites tombes en pierre brute se pressait sous la protection de Sidi Abdelkader de Baghdad, maître de la koubba et Seigneur des Hauts Lieux...

Accroupi contre le mur lézardé, près de la

petite porte basse, le vieux cheminot rêvait
l'œil mi-clos, son bâton entre ses genoux maigres.

Depuis qu'il avait quitté l'asile abhorré où il
s'était senti prisonnier, le vieillard avait erré
de douar en douar.

Maintenant, sa vie vacillante s'éteignait. Une
grande langueur engourdissait ses membres et
un froid lui semblait monter de la terre qui
l'appelait.

Il était venu échouer là, près de la koubba
sainte. Une très vieille femme au visage parche-
miné, drapé d'une *melahfa* de laine en loques,
gardait seule le lieu vénéré, gîtant dans un
vieux gourbi en pierres sèches. Elle aussi était
avare de paroles et usée, bien près de la fin.

Tous les matins et tous les soirs, la pieuse
veuve déposait devant le vagabond, hôte de
Dieu, une galette d'orge et un vase en argile
plein d'eau fraîche. Puis elle rentrait dans
l'ombre de la koubba pour y brûler du benjoin
et marmotter des prières.

Tous deux, sans presque jamais se parler,
avaient associé leurs décrépitudes, attendant
l'heure sans hâte ni effroi.

Quand, par hasard, quelques bédouins venaient prier sous les voûtes basses de la koubba
miraculeuse, le vieillard, par accoutumance,
élevait sa voix chevrotante en une psalmodie
monotone.

— Pour Dieu et Sidi Abdelkader Djilani, seigneur de Baghdad, sultan des saints, faites l'aumône, ô croyants !

Et, gravement, les musulmans tiraient de leurs capuchons de laine un peu de galette noire ou quelques figues sèches.

Les jours s'écoulaient, monotones, dans la somnolence de l'été finissant...

Aux premières fraîcheurs de l'automne, le vent du nord balaya les brumes troubles de l'horizon, et la lumière terne des journées accablantes devint dorée sur la terre reposée et dans le ciel serein.

Le vieillard s'était encore desséché, son corps s'était comme replié sur lui-même, comme rapetissé, son œil cave s'était voilé des premières ombres de la nuit définitive et sa voix s'était éteinte.

Il finissait, lentement, sans secousses ni angoisses, avec les dernières ardeurs de l'été.

* * *

Le chant éclatant des coqs perchés sur le toit du gourbi réveilla la vieille, sur sa mince natte usée.

Elle prit une petite amphore d'eau, fit les ablutions rituelles. En silence, selon la coutume des femmes, elle pria, se prosternant devant la majesté de Dieu, *seigneur de l'aube*.

Elle pria longuement accroupie, ses doigts osseux et gourds égrenant son chapelet. Son visage de momie, raccourci et noir, sous le turban de laine rouge et de linges sombres des nomades, n'exprimait rien, comme celui d'une morte. Puis, elle redressa ses reins cassés avec un gémissement, prit sous un grand plat en bois une galette froide, emplit un petit vase rouge à la peau de bouc, et sortit.

Le jour se levait, lilas et rose, sur le moutonnement infini des collines, sur le vide marin de la plaine.

De grandes ombres violettes obscurcissaient encore le fond des ravins, entre les dos éclairés des coteaux, tandis que la koubba solitaire flambait déjà, toute rouge.

La gardienne caduque s'en alla à pas lents vers la porte du sanctuaire, portant l'offrande quotidienne au vieil hôte.

Depuis la veille, tassé, affalé à sa place coutumière, sans quitter le bâton symbolique, le vagabond n'avait pas bougé.

Ses traits s'étaient comme adoucis et la vieille crut voir une singulière clarté glisser sur le visage mort. Sans agonie, sans plaintes, le vieux était retourné à la poussière, durant les heures calmes de la nuit. Sans frayeur, la gardienne étendit le corps déjà glacé, lui tournant le visage vers le soleil rouge qui montait à l'horizon. Puis, elle le recouvrit des pans rabattus de son burnous en invoquant Dieu.

Lentement, comme tous les jours, elle nettoya le sol plâtré de la koubba, elle secoua la poussière des draperies de vieille soie rouge et verte couvrant le *makam*. Quand elle eut terminé ces soins pieux elle rentra dans son gourbi et s'enveloppa de son haïk noir, et, son bâton à la main, elle s'en vint au douar voisin.

Des hommes graves, hachem en burnous fauves, le front ceint de cordelettes noires, vinrent laver le corps du vagabond et l'envelopper du linceul blanc. Debout, superbes dans la gloire du soleil d'automne, ils prièrent, tandis que deux autres creusaient la fosse à coup de hachette. Quand le corps fut couché dans le trou béant, les bédouins le couvrirent de branches de myrte et l'isolèrent du sol par des poutrelles grossièrement taillées. Puis ils rejetèrent la terre sanguine, comblant la fosse.

La vieille femme apporta, sur un chiffon de laine, des galettes azymes et des figues sèches qu'elle distribua, en mémoire du mort, aux quelques mendiants, habitués à hanter les enterrements.

Graves, calmes devant la mort qu'ils jugeaient nécessaire et sans laideur ni épouvante, les hachem s'en allèrent.

La vieille resta seule, près de la tombe récente, pour attendre l'heure proche où elle aussi descendrait dans l'obscurité éternelle.

Beni-Ounif, novembre 1903.

AU VILLAGE

L'ARRIVÉE DU COLON

Jules Bérard, fils d'un petit propriétaire jurassien, affiné par un séjour à la ville, ouvrier jardinier, imbu d'idées libertaires, avait voulu apporter sur un sol nouveau le petit avoir que lui avait laissé son père. De loin, Bérard s'était fait une idée des groupements français d'Algérie, qui l'avait séduit. Ces groupements devaient être comme de fortes familles françaises essaimées sur la terre vierge, y apportant leur énergie, leur solidarité florissante loin du cadre étroit et routinier de la vie métropolitaine.

Certes, il y aurait là-bas beaucoup de difficultés : le climat parfois meurtrier, le sol inconnu, la sécheresse, le sirocco, les sauterelles, les indigènes... Les manuels qu'avait lus Bérard parlaient de tout cela. Mais il trouverait là-bas d'autres colons, expérimentés déjà, qui le mettraient sur la voie, qui le conseilleraient, le protégeraient.

Et, après de longues et coûteuses formalités, Bérard avait obtenu une concession au « centre » de Moreau qu'on agrandissait et qui dépendait de la petite ville de *** dans le Tell constantinois.

Bérard arriva à Moreau un soir d'automne triste et nuageux. Il faisait noir, il faisait froid et un vent âpre courbait les eucalyptus grêles de la grand'rue.

— Vous êtes le *Français* de la concession de l'Oued Khamsa ?

L'aubergiste, une grosse italienne en caraco lâche, accueillit Bérard par ces mots.

Bérard avait hâte de prendre contact avec ses nouveaux concitoyens, et il entra dans la salle de l'auberge.

Un vacarme assourdissant y régnait, et le « Bonjour, tout le monde ! » de Bérard s'y perdit. Il distingua quelques bribes de phrases, jetées à pleine voix, avec un accent qui lui sembla étranger.

— Quand je te dis qu'il est avec Santos, le patron du b..... !

— Alors, comme ça, on aurait un *caoued* pour maire ?

... Et un troisième reprenait avec rage :

— Tous des vendus, des crapules, des voleurs !

Le tumulte augmentait.

Un homme d'une trentaine d'années, brun et de gestes exubérants, vint s'attabler en face de Bérard et, tout de suite, entama la conversation :

— Alors, vous venez de débarquer ? Ça se voit..., seulement, comme on est Français, faut pas s'y tromper... Nous savons qu'*ils* vont tout de suite chercher à vous embrouiller, les hommes à l'adjoint... Veillez-vous... C'est tout des canailles, des sans-patrie... C'est eux qui mangent la colonie. Pensez-voir : aux élections sénatoriales, ils ont voté pour Machin, celui-là qu'il est pour les bicots contre les colons. Nous, nous sommes avec le Maire. Faudra pas vous laisser embrouiller, vous comprenez.

— Mais je ne suis pas venu ici pour faire de la politique... Ça m'est égal. Je veux me rendre compte, travailler.

Le colon le regarda avec un air de surprise hostile.

— Ah, voilà... ça, on le sait. Le gouvernement donne des concessions à des gens de France qui se fichent pas mal des intérêts de la colonie, qui ne veulent pas marcher avec les colons, tandis que nos fils sont obligés de travailler comme ouvriers, côte à côte avec les pouilleux...

Et le colon se leva...

Un autre le remplaça. Celui-là encore parla longuement à Bérard des mérites du maire, un philanthrope qui... un homme de bien, quoi ! qui était au moins avec les colons, celui-là. En même temps, l'interlocuteur de Bérard ne tarissait pas d'invectives et de menaces contre les vendus, les francs-maçons, les voleurs, les *types de l'adjoint Molinat*.. Bérard écoutait, ennuyé. Il eût voulut demander quelques renseignements utiles sur le climat, la qualité de la terre, les ouvriers. Mais, à toutes ses questions, le colon répondait, agacé :

« — Vous verrez... le climat ? Bien, il est pas mauvais... Vous vous arrangerez... Vous ferez comme nous... » Et, **tout** de suite, il retombait dans son rabâchage « **politique** », avec une faconde extraordinaire.

Bérard manœuvra pour se débarrasser de cet orateur intarissable et sortit.

La rue était déserte et noire. Après une courte promenade, Bérard entra dans un autre débit. Là aussi on criait, on discutait.

Bérard avisa un groupe de colons un peu calmes qui jouaient aux cartes, et s'assit à leur table, dans un coin.

— Eh bien, Messieurs, est-ce que ça marche à votre convenance, par là ? Moi, je viens faire comme vous... me mettre colon.

Tout de suite, Bérard remarqua une certaine gêne dans l'attitude des joueurs.

— Où êtes-vous descendu ?

— Mais dans la première auberge à droite sur la route de ***...

Les joueurs s'entre-regardèrent, comme si Bérard avait dit une énormité.

— Ah, mince alors ? Alors à présent, ils

recrutent leur monde comme ça, de force ?
Mais vous ne savez pas chez qui vous êtes
descendu, Monsieur ? C'est un repaire de
voleurs, de bandits..... C'est la réunion de la
bande au Maire, à l'usurier Girot !

— Mais ça m'est égal. Je suis descendu là
en attendant de m'établir, d'avoir bâti !

— Mais vous ne comprenez pas que vous
serez déshonoré, si vous restez avec ces gens-
là ? Et puis, ils vous entortilleront. Vous ne
connaissez pas Girot, ça se voit.

Encore une fois, Bérard affirma son indépendance politique, mais il fut interrompu.

— Ce n'est pas admissible. Ici nous sommes
pour les situations franches : faut être avec les
honnêtes gens, ou bien faut être avec les voleurs... Y a pas à faire de manières... C'est
comme ça.

— Je serai toujours avec les honnêtes gens,
dit Bérard, évasivement.

Un autre colon, à qui Bérard s'adressa pour
avoir quelques élaircissements, lui tint un
tout autre langage. Nettement hostile, celui-là,
il se contenta de répondre aux questions du
nouvel arrivant.

— Nous autres, fils de colons, nous trimons,
nous nous débrouillons comme nous pouvons.
Eh bien, faites comme nous, puisqu'on vous
donne des concessions... Seulement, si vous
êtes venu par ici, c'est que vous n'avez pas pu

vous arranger chez vous... C'est ce que le gouvernement ne veut pas comprendre, quand il s'obstine à nous envoyer un tas de gens qui ne connaissent rien du pays et qui veulent faire les malins. Quand on vous aura vu à l'œuvre, on parlera... A présent, c'est pas la peine.

Bérard sortit.

Un instant encore il erra dans la nuit. Comme il passait devant une échoppe ouverte, éclairée par une lampe fumeuse, il s'arrêta : des Arabes étaient là, qui buvaient du café. Alors, pour voir, il entra et commanda une tasse.

Assis dans un coin, il observa ces hommes d'une autre race qu'on lui avait dit ennemie de la sienne.

Dépenaillés, vêtus de loques européennes, ils avaient l'air misérable et sombre.

A son entrée, quelques-uns s'étaient chuchoté des mots en le regardant... Et ce regard était fermé et hostile...

Bérard eut l'idée de parler au cafetier qui comprenait le français.

— Ils n'ont pas l'air heureux... Je crois qu'ils ne nous aiment pas...

— Non, pourquoi ? Kif-kif... seulement il y en a par là qui en avaient de la terre et du blé, avant l'agrandissement. A présent, ils n'ont rien... Alors ils en sont pas contents, tu comprends. Mais ça fait rien.

Bérard, sa tasse de café bue, s'en alla. Et il comprit qu'il était un intrus. De son arrivée, tout le monde se plaignait : les fils de colons, car ils eussent voulu sa concession pour eux..., les Arabes, parce qu'on leur avait pris leur terre...

Et ceux qui l'avaient accueilli moins froidement, n'avaient eu d'autre désir que de l'embrigader dans tel ou tel parti... Une grande tristesse lui vient au cœur, de cette désillusion, de ce village hostile et noir qui dormait maintenant dans la nuit froide.

EXPLOITS INDIGÈNES

La grande Pélagie, servante chez M. Pérez, colon à « Alfred de Musset », s'entendit avec Joseph, le valet de ferme, pour faire une ballade le lendemain dimanche. Mais il fallait du «positif», et l'argent manquait... Mariquita, sournoisement, couvrit d'un sac une magnifique oie de la basse-cour du colon et lui tordit le cou. Le boulanger, copain de Joseph, la ferait bien cuire au four, le soir. Ce serait délicieux, et jamais les Pérez ne soupçonneraient le personnel européen.

Quand Mme Pérez s'aperçut de la disparition de sa plus belle oie, elle se répandit en lamentations, et courut avertir son mari, occupé à surveiller les Marocains qui défonçaient une pièce de terre, près de l'oued.

— José, on a volé cette nuit la grosse oie, tu sais, la grise et noire.

· Ah, nom de Dieu de Dieu ! C'est encore les bicots, pour sûr.

Grand, anguleux et robuste, Pérez portait un complet en velour à côtes, et un grand chapeau rond en liège blanc. Ses gestes étaient violents et son verbe haut. Prompt à la colère, soupçonneux, trouvant toujours que les affaires ne marchaient pas, quoique riche, Pérez, dur au pauvre monde, surtout aux indigènes, était conseiller municipal et passait pour un orateur, parce qu'il criait plus fort que les autres au café et qu'il émettait toujours les opinions les plus violentes.

A l'heure de l'absinthe, Pérez, au milieu d'un groupe attentif aux poses pittoresques, racontait le vol de l'oie, le deuxième depuis six mois. Si cela allait de ce train, la colonisation était fichue, il n'y avait plus qu'à s'en aller. Le banditisme indigène augmentait tous les jours... il y avait là de quoi décourager les plus braves.

— Oui, dit Durand, un camarade du conseiller, mais là-bas, en France, ils s'en foutent bien ! Y en a plus que pour les bicots. Les assassins de Margueritte, ils les ont acquittés, ils veulent nous prendre les tribunaux répressifs, permettre aux indigènes de nous écraser...

— Oui, et nous, on peut crever. Qu'ils nous volent, qu'ils nous pillent, qu'ils ne nous respectent même plus, comme ils font à présent, ça, ça fait rien. Il y a des salauds pour leur dire qu'ils ont des droits...

— Oh, mais nous ne nous laisserons pas faire, nous autres, cria Pérez en assénant un coup de poing sur la table, nous veillerons, nous nous défendrons, et nous flanquerons du plomb dans la peau au premier qui bougera. Ça ne se passera plus comme à Margueritte. Ah, ce verdict, on le leur fera payer cher, aux bicots. Qu'ils n'essaient pas de se mettre à avoir l'air trop contents, sinon on leur en fera passer de rudes.

— Moi, dit Pérez, puisqu'on me vole, je vais faire ma police moi-même avec mon fusil.

Mais Dupont, le cafetier, qui s'était rapproché, eut une idée :

— Faut pas penser rien qu'à soi. Toi, Pérez, tu devrais relater le fait et l'envoyer aux journaux, pour bien faire voir que nous sommes les victimes des indigènes.

— Oui, oui, approuva Durand. Il faut faire ça, et puis, ça fera plaisir à notre député. Je me suis laissé dire qu'il rassemblait des documents comme ça, pour répondre à ceux qui insultent les colons. Notre oie peut avoir de l'importance.

— Oui, mais je suis pas bien fort sur l'écriture, dit Pérez, hésitant.

— Ça ne fait rien, nous allons « ranger » ça. Dupont, de quoi écrire !...

Et Durand mit ses lunettes et commença à « rédiger ». Plusieurs feuilles de papier furent déchirées ; enfin, le texte définitif fut établi, envoyé sous pli cacheté aux journaux politiques de l'Afrique du Nord, avec « prière d'insérer dans l'intérêt de la colonisation et pour la défense des honnêtes gens ».

La lettre avait été signée par les assistants et par plusieurs copains du village. Le caïd des Beni-Mkhaoufine, ancien garde-champêtre sans cesse tremblant pour son emploi, signa sans comprendre.

Quelques colons cependant refusèrent de se mêler à ces « histoires ». Le Savoyard Jacquet répondit aux instances de Durand :

— Qu'est-ce que vous voulez que ça me fiche, à moi ? Y a toujours eu des voleurs, c'est à chacun de se veiller ; il y a des gendarmes pour ça... Et puis, moi, je m'occupe à faire pousser mon blé et ma vigne, et je me fous pas mal de vos journaux et de votre politique. Je les lis jamais, vos journaux, parce que c'est tout des menteries qu'il y a dedans... Et puis, ça me casse la tête.

Après avoir lu et relu avec admiration leur lettre collective, les zélés du parti Durand se séparèrent en se serrant la main avec des airs entendus. Dupont, le cafetier, résuma la situation : — Comme ça, au moins, on pourra se compter aux élections.

Jacquet haussa les épaules.

Cependant l'affaire commençait à devenir sérieuse.

Pérez, après la soupe, alla s'installer sur un escabeau dans un coin obscur de la cour, près du poulailler, son fusil entre les jambes, l'œil vigilant, l'oreille aux aguets ; Pérez évita même d'abord de fumer, pour ne pas être vu. Puis, l'ennui et le sommeil l'envahissant, il pensa qu'il pouvait bien fumer dans son chapeau, que ça ne se verrait pas.

Au cours de leur promenade, les deux domestiques avaient mangé l'oie rôtie et, à la nuit, ils étaient rentrés. Quand tout le monde fut couché, Joseph rejoignit Pélagie dans sa soupente.

— Tu sais, dit-elle en souriant, y a le patron qu'il a pris son fusil pour veiller ses poules.

—Il peut veiller, ça lui fera du bien, l'air frais...

Et les domestiques se tordirent à la pensée du patron se morfondant au dehors.

Le surlendemain, Claudignon, le facteur, arriva au café très ému.

— Vous savez, cria-t-il, ils ont mis la lettre ! Tenez, dans les deux journaux, encore ! Vous avez de la veine, Monsieur Durand, et toi, Pérez, il y a votre nom sur les papiers !

Et le facteur déplia triomphalement la plus grande feuille d'abord, par respect pour le format. En gros caractères, le titre se détachait :

EXPLOITS INDIGÈNES

« On nous écrit d'Alfred de Musset :

— Messieurs les Arabes vont bien. Depuis le

monstrueux verdict de Montpellier, et depuis les attaques indignes contre les tribunaux répressifs si bienfaisants, mais encore trop faibles à notre sens, le banditisme indigène augmente rapidement, ainsi que l'insolence des indigènes envers les colons. Ils ont l'air d'oublier qu'ils sont leurs obligés. Les malheureux colons tremblent pour leurs biens et pour leur vie, mais il ne faut pas les pousser à bout, car leur colère pourrait bien faire repentir la Métropole de ses odieuses attaques contre l'Algérie.

« Qu'on juge de la situation, dans notre centre, d'après ce fait qui a mis en émoi toute la population européenne. Dans la nuit de vendredi à samedi dernier, des malfaiteurs restés inconnus ont volé à M. Pérez, colon à « Alfred de Musset », une magnifique oie. L'audace elle-même de ce vol prouve que le ou les auteurs sont les tristes représentants de cette race d'une mentalité essentiellement mauvaise.

« Avis aux amis et défenseurs de Yacoub et de ses congénères. »

Le style de cette élucubration avait bien été corrigé un peu par les rédacteurs des feuilles arabophobes, mais la vanité des auteurs n'en fut pas moins flattée et leur prestige s'en accrut.

— Que voulez-vous ? On ne peut pas se laisser assassiner...

Et pour conclure, Durand, qui sentait grandire son prestige, eut un mot profond que tout le monde comprit :

— Il n'y a pas de petites choses en politique.

DANS LA LÉGION

LE RUSSE

Se créer un monde personnel et fermé et s'entourer d'une atmosphère de rêve, écarter toute atteinte hostile du dehors, ne voir et ne sentir des êtres et des choses que ce qui lui plaisait, telle était la formule morale à laquelle avaient abouti les errements, les anxiétés et les recherches de Dmitri Orscha-noff. Pendant ces cinq ans de Légion étrangère, dans un milieu restreint et monotone, à l'abri des luttes pour la satisfaction des besoins matériels, Orschanoff était parvenu à réaliser en grande partie ce programme d'égoïsme esthétique.

Mais son engagement touchait à sa fin et la question troublante de l'avenir immédiat se posait, mettant l'esprit d'Orschanoff en contact direct et douloureux avec les réalités qu'il voulait fuir.

Assagi cependant, il s'astreignit à raisonner presque froidement, à se méfier surtout des résolutions hâtives. Il ne se souvenait que

trop du chaos d'idées, de sensations, de tentatives d'action qu'avait traversé son esprit de
théoricien.

Enfant du peuple, orphelin très tôt, élevé
par son oncle, pauvre diacre du village presque
illettré, Dmitri avait pourtant pu, grâce aux
sacrifices inouïs de son oncle, suivre les cours
du gymnase. Puis, la mort l'ayant privé de
tout soutien, il avait gagné sa vie comme
répétiteur, en faisant sa médecine à Moscou.
Mais, bientôt, ses études ne le satisfirent plus
et, en un fougueux élan, il se mêla au mouvement révolutionnaire russe. Il dut fuir à
l'étranger.

A Genève, il avait été accueilli par la Société
de prévoyance des étudiants russes et avait pu
entrer à la Faculté. Mais, au lieu de continuer
ses études, il s'était mis à « chercher sa voie ».
Orateur de club, littérateur, peintre, musicien,
Dmitri avait essayé de tout et n'avait persé-
véré en rien. Il sentait en lui des sources
fécondes d'énergie, d'activité, et tous les champs
sur lesquels il avait débuté lui semblaient trop
étroits.

Dmitri Orschanoff avait la faculté rare de
pouvoir réussir dans toutes ses tentatives et
cela presque sans peine. Avec une volonté
ferme et de l'ordre dans les idées, cette faculté
eût été précieuse, mais dans le désarroi moral
et intellectuel où se débattait Dmitri, elle lui

fut funeste, lui permettant de se pardonner ses défaillances et de se promettre de regagner le temps perdu, *après*...

Ainsi passèrent trois années. Les camarades de Dmitri se lassèrent de cette versatilité incurable et pensèrent qu'ils avaient peut-être tort de soutenir matériellement ce caractère désordonné quand tant de modestes travailleurs peinaient, dans la gêne et même la misère. Aux premières allusions de la part de ses camarades, Dmitri se crut incompris, se révolta. Il se sentit de trop et s'en alla.

Sans ressources, et *pour se consoler*, il songea aux doctrines tolstoïennes sur l'excellence du travail manuel. Délibérément, il se fit ouvrier. Tour à tour manœuvre, ouvrier agricole, forgeron et étameur ambulant, il erra en Suisse, en Alsace et en Savoie.

L'hiver fut rude, la deuxième année de son vagabondage. Il parcourait les villages misérables de la Savoie montagneuse, avec un autre étameur, Jules Perrin.

La neige couvrait les routes désertes. La bise soufflait en tempête, gelant les pieds des cheminots. Le travail et le pain manquaient. Et une grande désolation leur montait au cœur, des sommets blancs, de la vallée blanche, morte. Un jour, après une conversation avec un autre vagabond, au café, Perrin déclara à Dmitri qu'il allait, avec le copain, s'engager à la Légion étrangère pour manger à sa suffisance et pour avoir la paix.

Aller très loin, en Afrique, commencer une autre vie, cela sourit à l'esprit aventureux d'Orschanoff. D'ailleurs, depuis quelque temps, il sentait qu'un travail spontané, obscur encore, se faisait en lui. Il éprouvait un besoin de plus en plus intense de se recueillir et de penser. Or, là-bas, avec le pain et le toit assurés, il pourrait se renfermer en lui-même, s'analyser et suivre son âme qui, comme il disait, traversait « une période d'incubation ». Et Orschanoff suivit les deux vagabonds à Saint-Jean-de-Maurienne, au bureau de recrutement.

Sans savoir, sur le conseil d'un *ancien* qui les poussa du coude, ils optèrent pour « le deuxième Étranger ».

**
* **

Dmitri se souvenait du voyage rapide et de l'étonnement presque voluptueux qu'il avait éprouvé en trouvant un printemps parfumé à son arrivée à Oran.

Puis, on l'avait habillé en soldat, affublé d'un matricule, formé à la routine du métier. Il avait bien eu des moments de révolte, de dégoût... Mais il s'était empressé de se renfermer en lui-même, de s'insensibiliser en quelque sorte, et ce « processus » s'était terminé par un singulier apaisement dans ses idées et dans ses sentiments.

L'angoisse que, durant des années, avait provoqué en lui son besoin excessif d'action, d'extériorisation, et l'impossibilité de satisfaire ce besoin démesuré avec ses forces, cette douloureuse angoisse avait fait place à un grand calme, à une tournure d'esprit toute contemplative. S'isolant complètement, cet homme qui, matériellement, était perpétuellement entouré d'individualités encombrantes, tapageuses, à l'esprit frondeur et méchant qui naît des contacts fortuits dans une foule, cet homme presque jamais seul, était parvenu à vivre comme un véritable anachorète et sa vie ne fut bientôt plus qu'un rêve.

...Presque tous les soirs, il sortait après la soupe, et s'en allait, en dehors de la ville, errer le long des routes pulvérulentes. Puis, il s'asseyait au sommet de quelque colline rougeâtre, plantée de lentisques et de palmiers nains. Il regardait le jour mourir, illuminant de sang et d'or Saïda, la vallée, les montagnes... Pendant un court instant, tout cela semblait embrasé. Puis, de grandes ombres bleues montaient d'en bas vers les sommets, tout s'éteignait et, presque aussitôt les étoiles pâles s'allumaient dans le ciel pur, encore vaguement mauve.

Et Dmitri sentait toute la tristesse de cette

terre d'Afrique le pénétrer, immense, mais d'une douceur infinie.

Et c'était sa vie, cette contemplation calme, depuis qu'il avait cru comprendre que nous portons notre bonheur en nous-mêmes et que ce que nous cherchons dans le miroir mobile des choses, c'est notre propre image.

…Maintenant il avait à résoudre cette question urgente : resterait-il, prolongerait-il cette vie lente qu'il aimait, pour cinq années encore, après lesquels sa jeunesse serait à son déclin, car il aurait trente-six ans — ou bien, s'en irait-il libre, régénéré, délivré de son ancienne folie ?

Sa raison lui disait qu'il n'avait plus besoin de rester là. Il avait obtenu sa naturalisation, car on s'était intéressé à lui. Il pouvait donc demeurer dans cette Algérie qu'il aimait, l'élire pour patrie adoptive.

Son âme était sortie victorieuse et fortifiée de toutes les luttes qu'il avait traversées. Il avait pénétré le secret précieux d'être heureux. Et il se sentait pris d'un intense besoin de liberté, de vie errante.

*
* *

… Au café du Drapeau, après la soupe du soir, des Allemands ivres tapaient à coups de poing sur le marbre gluant des tables. Ils chantaient à tue-tête, s'interrompant parfois pour se disputer.

Deux étudiants tchèques, échoués là comme élèves caporaux et qui avaient obligé Dmitri à les suivre dans ce débit, discutaient des théories socialistes. Orschanoff, accoudé sur la table, ne les écoutait pas. Il souffrait. S'il voulait rengager, un seul jour lui restait et il ne parvenait pas à prendre une résolution. La chaleur et le tapage du débit lui devinrent intolérables. Les Allemands se levèrent et bousculèrent Dmitri et les Tchèques sous prétexte de trinquer avec eux... Pour la première fois peut-être depuis plusieurs années, Dmitri sentit toute la laideur environnante... Et il sortit.

Au dehors de la ville, dans le rayonnement de feu du couchant, sur la route blanche, des bédouins en loques, sur lesquels le soleil accrochait des lambeaux de pourpre, s'en allaient, poussant des chameaux chargés et chantant lentement, tristement. Devant eux, au haut d'une longue côte basse, la route semblait finir et l'horizon s'ouvrait, immense, tout en or.

La liberté était bonne et la vie était accueillante, tout en beauté, pour qui savait la comprendre et l'aimer...

Dmitri, apaisé enfin, résolut de s'en aller, d'élargir son rêve, de posséder, en amant et en esthète, la vie qui s'offrait si belle,

.*.

— Adieu, sergent Schmütz !

— Adieu, *der Russe !* et le sous-officier de garde accompagna d'un regard pensif, envieux peut-être, le soldat qui s'en allait pour toujours, libre.

Le temps était clair. Les vilains jours de l'hiver étaient passés et, dans le ciel pâle, le soleil déjà ardent souriait. Une grande joie montait au cœur de Dmitri, de tout ce renouveau des choses et de la liberté enfin conquise.

Et il s'éloigna avec bonheur. quoique sans haine, de la grande caserne où il avait tant souffert et où son âme s'était régénérée.

Dmitri Orschanoff alla de ferme en ferme, travaillant chez les colons... Il les trouva bien différents des paysans de France et, souvent, regretta le temps où il partageait la rude vie des braves Savoyards. Mais il aimait ce pays âpre et splendide et ne voulut point le quitter.

Depuis la fin des derniers labours d'hiver, Dmitri était resté comme ouvrier permanent chez M. Moret, qui était satisfait de ce serviteur probe et silencieux, travailleur adroit et se contentant d'un salaire très modique, presque celui d'un indigène.

La ferme de M. Moret, très grande, était située entre des eucalyptus et des faux-poivriers diaphanes, sur une colline basse qui dominait la plaine de la Mitidja. Au loin bleuissait le grand massif de l'Ouarsenis, et Orléansville dominait, de ses remparts débordés de jardins, le cours sinueux et raviné du Chéliff.

Dmitri s'était construit un gourbi à l'écart, sur le bord d'un oued envahi par les lauriers-roses. Il avait planté quelques eucalyptus, pour s'isoler. Les grandes meules de paille, brunies par l'hiver, masquaient les bâtiments de la ferme, et la chaumière primitive devint pour Dmitri un véritable logis où il installa sa vie nouvelle, si paisible et si peu compliquée, malgré tout ce qu'il y avait en elle d'artificiel et d'ingénieux.

Ce dénûment matériel semblait à Dmitri une des conditions de la liberté et il avait même depuis longtemps cessé d'acheter des livres et des journaux, se contentant, selon son expression, de lire de la beauté dans le grand livre de l'univers, largement ouvert devant lui...

Ainsi, Dmitri Orschanoff était parvenu à vivre selon sa formule, à se dominer et à dominer les circonstances... Et il ne comprenait pas encore que, s'il était parvenu à cette victoire, ce n'était que parce que, jusque-là, les circonstances ne lui avaient point été hostiles et que sa puissance sur elles n'était qu'un leurre...

.˙.

Tatani, la servante de Mme Moret, était une

jeune fille, svelte et brune, avec de grands yeux un peu éloignés l'un de l'autre, mais d'une forme parfaite. Elle avait une petite bouche au sourire gracieux et doux. Elle portait le costume des mauresques citadines, un mouchoir noué en arrière sur les cheveux séparés par une raie, une gandoura serrée à la taille par un foulard, une chemise blanche à larges manches bouffantes. Elle ne se voilait pas, quoiqu'elle eût déjà seize ans. Ce costume, qui ressemblait tant à celui des paysannes de son pays, fut peut-être le point de départ, chez Dmitri, du sentiment qui se développa dans la suite d'une façon imprévue.

Plus Dmitri se familiarisait avec les bergers et les laboureurs arabes, plus il leur trouvait de ressemblance avec les obscurs et pauvres moujiks de son pays. Ils avaient la même ignorance profonde, éclairée seulement par une foi naïve et inébranlable en un bon Dieu et en un au-delà où devait régner la justice absente de ce monde... Ils étaient aussi pauvres, aussi misérables, et ils avaient la même soumission passive à l'autorité presque toute-puissante de l'administration qui, ici comme là-bas, était la maîtresse de leur sort. Devant l'injustice, ils courbaient la tête avec la même résignation fataliste... Dans leurs chants, plaintes assourdies et monotones ou longs cris parfois désolés, Dmitri reconnut l'insondable tristesse des mélopées qui avaient bercé son enfance. Et, enfant du peuple, il aima les bédouins, pardonnant leurs défauts, car il en connaissait les causes... Tatani, la servante orpheline, lui apparut comme une incarnation charmante de cette race et il éprouva d'abord un simple plaisir esthétique à la voir aller et venir dans la cour ou la maison, si gracieuse, si alerte...

Mais Tatani souriait à Dmitri toutes les fois qu'elle le voyait. Ce beau garçon d'un type inconnu, aux cheveux châtains un peu longs et ondulés, aux larges yeux gris, très doux et très pensifs, avait attiré la petite servante. Elle venait de perdre sa vieille tante, qui l'avait étroitement surveillée et gardée sage. Aussi, Tatani n'était-elle pas effrontée comme le sont généralement les servantes mauresques. Sans aucune complication de sentiments, toute proche de la nature, elle aimait Dmitri. Instruite très tôt des choses de l'amour, elle éprouvait en sa présence un trouble délicieux et, quand il n'était pas là, elle pensait, sans chercher à combattre ce désir, combien il serait bon d'être à lui. Mais elle n'osait pas lui faire d'avances, se contentant de chercher à le voir le plus souvent possible.

La grosse Mme Moret, pas méchante, mais considérant sincèrement les indigènes comme une race inférieure, était exigeante envers Tatani et la rudoyait souvent, la battant même.

Dmitri éprouva pour la petite servante une sorte de pitié douce, de plus en plus attendrie. Bientôt, il lui parla, la questionna sur sa famille. Tatani n'avait plus qu'un frère, ouvrier à Ténès, qui ne s'occupait pas d'elle et auquel elle ne pensait jamais. Dmitri était chaste par conviction, et, longtemps, il ne songea pas même à la possibilité d'aimer Tatani d'amour. Tranquille vis-à-vis de sa conscience, Dmitri rechercha la société de la servante... Mais un jour vint où il sentit bien qu'elle avait cessé d'être pour lui seulement une vision gracieuse embellissant sa vie : il partagea le trouble qu'éprouvait Tatani quand ils étaient seuls.

Mais, là encore, comme il n'y avait rien de laid ni de pervers dans le sentiment nouveau qu'il se découvrait pour elle, et que ce sentiment lui était délicieux, Dmitri s'y abandonna. Moins timide déjà, Tatani l'interrogeait à son tour. Elle parlait un peu français et l'arabe devenait familier à Dmitri. Tatani écoutait ses récits, étonnée, pensive.

— Regarde la destinée de Dieu, lui dit-elle un jour. Tu es né si loin, si loin, que je ne sais pas même où cela peut être, car cela me semble un autre monde, ce pays dont tu me parles... et puis, Dieu t'a amené ici, près de moi qui ne sais rien, qui ne suis jamais allée plus loin qu'Elasnam (1) ou Ténès !

(1) Elasnam (les Idoles), nom arabe d'Orléansville.

Tatani avait ainsi des moments d'une mélancolie pensive qui ravissait Dmitri. Pour lui, malgré toute la simplicité enfantine de ce caractère de femme, un voile de mystère enveloppait cette fille d'une autre race, en augmentant l'attrait.

Comme il se sentait sincère, Dmitri ne se reprocha pas la pensée qui lui était venue, qui le grisait : faire de Tatani son amie, sa maîtresse. N'étaient-ils pas libres de s'aimer par-dessus toutes les barrières humaines, toutes les morales artificielles et hypocrites ?

**

... Le soleil rouge se couchait derrière les montagnes dentelées qui dominent la Méditerranée, de Ténès à Mostaganem. Ses rayons obliques roulaient à travers la Medjadja une onde de feu. Les quelques arbres, grands eucalyptus grêles, faux-poivriers onduleux comme des saules pleureurs, les quelques bâtiments de la ferme Moret, tout cela semblait grandi, magnifié, auréolé d'un nimbe pourpre. Dans la campagne où le travail des hommes avait cessé, un grand silence régnait.

Dmitri et Tatani étaient assis derrière les meules protectrices et, la main dans la main, ils se taisaient, car les paroles eussent troublé inutilement le charme profond, la douceur indicible de l'heure.

Enfin, avant de partir pour la ferme, Tatani, tout bas, promit à Dmitri de venir le rejoindre la nuit, dans son gourbi.

Et Dmitri, resté seul, s'étonna que le bonheur vînt à lui comme cela, tout seul, dans la vie qui, à ses débuts déjà lointains, lui avait semblé si hostile, si dure à vivre. Le calme, la contemplation et ·l'ivresse charmante de l'amour, tout cela lui était donné généreusement, et il songeait avec reconnaissance à ces cinq années de labeur moral, là-bas, dans la triste Saïda... Saïda ! *la Bienheureuse...* Certes, elle était bénie, cette petite ville perdue où, parmi les « heimatlohs » assombris par l'inclémence des choses, il avait appris à être heureux !

* **
* * *

Désormais, la vie de Dmitri Orschanoff ne fut plus qu'un rêve très doux, auprès de la petite servante bédouine. Presque toutes les nuits, elle le rejoignait dans l'ombre de son gourbi et, comme une épouse, elle rangeait les hardes et l'humble ménage de l'ouvrier. Puis, dans la sécurité de leur amour, dans le silence complet de la nuit, ils se redisaient les mots puérils, les mots éternellement berceurs de l'amour.

Quel était leur avenir ? Ils n'y songeaient que pour se le représenter comme la continuation indéfinie de leur bonheur qui leur semblait devoir durer autant qu'eux-mêmes.

Cependant, entre leurs deux âmes si dissemblables subsistait un abîme de mystère. Dmitri *la* voyait toute simple, à peine plus compliquée que les oiseaux de la plaine... Mais ce petit oiseau, tantôt rieur et sautillant, tantôt triste tout à coup, ne ressemblait pas aux oiseaux du lointain pays septentrional où était né Dmitri : il y avait en elle toutes les hérédités séculaires de la race sémitique, immobilisée encore dans le décor propice de l'Afrique, dans l'ombre mélancolique de l'Islam. Pour Tatani, Dmitri était une énigme : elle l'aimait aussi intensément qu'elle pouvait aimer, quoique regrettant qu'il fût un *kefer*, un infidèle. Cependant, d'instinct, elle le devinait très savant. Il répondait à toutes ses questions. Un jour elle lui dit avec admiration : — Toi, tu es très savant. Tu sais tout... Puis, après un court silence, elle ajouta tristement : — Oui, tu sais tout, sauf une chose que même moi, si ignorante, je n'ignore pas...

— Laquelle ?

— Qu'il n'y a qu'un seul Dieu et que Mahomet est l'envoyé de Dieu.

Après avoir proféré le nom vénéré du *Nabi*, elle ajouta pieusement : « Le salut et la paix soient sur lui ! » Dmitri lui prit les mains. —Tatani chérie, dit-il, c'est vrai, je ne suis pas musulman... Mais je ne suis pas non plus chrétien, car, si j'avais le bonheur de croire en Dieu, j'y croirais certainement à la façon des musulmans...

Tatani demeura étonnée. Elle ne comprenait pas pourquoi, puisqu'il n'était pas roumi, Dmitri ne se faisait pas musulman... Car Tatani ne pouvait pas concevoir qu'une créature pût ne pas croire en Dieu...

Tout l'été et deux mois d'automne, leur bonheur dura, sans que rien vînt le troubler.

Mais un jour, ce frère, qui avait abandonné Tatani et qu'elle avait oublié, vint à la ferme réclamer sa sœur qu'il avait promise en mariage.

Elle essaya de protester, mais la loi était contre elle et elle dut obéir. Sans même avoir pu revoir Dmitri, elle dut voiler, pour la première fois de sa vie, son visage éploré et, montée sur une mule lente, suivre son frère dans un douar voisin où étaient les parents de sa femme.

Elle fut reçue presque avec dédain.

— Tu devrais encore être bien heureuse qu'un honnête homme veuille t'épouser, toi, une déclassée, une servante de roumi, que tout le monde a vue se débaucher avec des ouvriers.

Tel était le langage que lui tint son frère.

Tatani fut donnée à Ben-Ziane, un khammès

de M. Moret. Elle revint donc habiter sur les terres de la ferme, près de Dmitri.

Orschanoff, quand il avait appris le départ de Tatani, avait éprouvé un sentiment de révolte voisin de la rage. Sa souffrance avait été aiguë, intolérable. Mais, devant le fait accompli, sanctionné par la loi, Dmitri était impuissant.

Toute démarche de sa part eût aggravé le sort de Tatani.

Alors, Dmitri résolut de la revoir.

Après le dur labeur de la journée, Orschanoff passa toutes ses nuits à rôder autour du gourbi isolé de Ben-Ziane.

Cet homme, un peu aisé, étranger à la tribu, avait épousé Tatani parce qu'elle lui avait plu, sans se soucier de l'opinion. Il la gardait jalousement.

Mais, parfois, Ben-Ziane était obligé de se rendre aux marchés éloignés et d'y passer la nuit. Il laissait Tatani à la garde d'une vieille parente qui s'endormait dès la tombée du jour et à qui tout était égal, pourvu qu'on ne la dérangeât pas.

Dès que Tatani apprit que Dmitri la guettait, la nuit, elle s'enhardit et sortit. Dans les ténèbres, ils s'appelèrent doucement. Dmitri la serra convulsivement dans ses bras et ils pleurèrent ensemble toute la détresse de leur séparation.

Depuis cette nuit-là, commença pour Dmitri une torture sans nom. Il ne vivait plus que du désir exaspéré et de l'espoir de revoir Tatani. Mais les occasions étaient rares et Dmitri s'épuisait à passer toutes les nuits aux aguets, dormait quelques heures dans l'herbe mouillée, sous la pluie, sous le vent déjà froid. Il attendait là, obstinément, tressaillant au moindre bruit, appelant parfois à voix basse. Tout ce qui n'était pas Tatani lui était devenu indifférent.

Il s'acquittait de sa besogne d'ouvrier par habitude, presque inconsciemment. Son gourbi tombait en ruines et il ne le réparait pas. Il négligeait sa mise et tout le monde avait pu deviner, rien qu'à ce brusque changement, le secret de ses amours avec Tatani. Quelquefois, après les nuits d'angoisse, les horribles nuits où elle ne venait pas, des idées troubles inquiétaient Dmitri... Il sentait la brute qui dort en chaque homme se réveiller en lui... Il eût voulu chercher l'apaisement dans le meurtre : tuer ce Ben-Ziane, cet usurpateur et la reprendre, puisqu'elle était à lui !

Parfois, Ben-Ziane passait devant la ferme. Il était grand et fort, avec un profil d'aigle et de longs yeux fauves au dur regard de cruauté et d'audace...

...Ainsi, d'un seul coup, à la première poussée brutale de la réalité, tout le bel édifice artificiel de ce que Dmitri appelait son hygiène morale s'était effondré, misérablement. Il commençait à voir son erreur, à comprendre que personne, pas plus lui qu'un autre, ne peut s'affranchir des lois inconnues, des lois tyranniques qui dirigent nos destinées terrestres. Mais un tel désarroi régnait en lui qu'il ne pouvait se raisonner.

... Ils eurent encore quelques entrevues furtives... Comme la souffrance commune les avait rapprochés l'un de l'autre ! Comme ils se comprenaient et s'aimaient mieux et plus noblement depuis que leur tranquille bonheur de jadis avait été anéanti !

**

... Le soleil se couchait, Dmitri rentra des champs. La nuit allait tomber, et il reverrait Tatani. En dehors de cela rien n'existait plus pour lui. Comme il conduisait les bœufs à l'abreuvoir, il entendit de loin deux coups de fusil successifs... Quelques instants après, des hommes qui couraient sur la route en criant passèrent. Salah, le garde-champêtre indigène, entra dans la cour, au grand trot, réclamant M. Moret, adjoint.

— Il y a Ben-Ziane qui a tué sa femme, Tatani bent Kaddour, de deux coups de fusil...

L'Arabe, sans achever, partit.

Dmitri était demeuré immobile, plongé en une stupeur trouble, en une sombre épouvante. Puis, il sentit une douleur aiguë en pensant que c'était lui l'assassin, que, sous prétexte d'aimer Tatani, en réalité pour la satisfaction de son égoïste passion, il l'avait conduite à la mort !

Dmitri, comme en rêve, suivit les gens de la ferme, qui, à travers champs, couraient vers le gourbi. Dehors, assis sur une pierre, les poignets enchaînés, le beau Ben-Ziane était gardé par le garde-champêtre et deux bédouins. Le caïd écrivait à la hâte son rapport. Dans le gourbi où la foule avait pénétré, les femmes se lamentaient autour du cadavre étendu à terre. Mme Moret découvrit Tatani. Pâle, les yeux clos, la bouche entr'ouverte, la jeune femme semblait dormir. Sur sa gandoura rose, des taches brunes indiquaient les deux blessures en pleine poitrine. La parente racontait la scène rapide. Ben-Ziane était subitement rentré du marché de Cavaignac avant le jour indiqué. Un autre khammès l'avait averti que, la veille, dans la nuit il avait vu sa femme sortir et rejoindre un homme dans les champs. Cet homme, c'était sans doute l'ancien amant de Tatani, l'ouvrier russe. En rentrant, Ben-Ziane avait examiné les vêtements et les souliers de sa femme : le tout portait des taches de boue. Alors, il l'avait poussée contre le mur du gourbi et avait déchargé sur elle son fusil à bout portant.

Les yeux de Ben-Ziane restaient obstinément fixés droit devant lui et un sombre orgueil y luisait. Et Dmitri songea que son devoir était de dire la vérité aux assises pour que cet homme ne fût pas condamné impitoyablement... Il n'eut pas la force de rester là plus longtemps, et il s'en alla, sentant que, désormais, tout lui était indifférent, qu'il ne désirait plus rien... Tout s'était effrondré, l'écrasant, et il ne lui restait plus rien, sauf sa douleur aiguë et son remords.

... La route serpente entre les collines rougeâtres, lépreuses, où poussent les lentisques noirâtres et les palmiers nains coriaces.

Dmitri Orschanoff, sous la grande capote bleue, erre lentement, lentement, sur la route grise et il regarde, apaisé maintenant pour toujours, le soleil rouge se coucher et la terre s'assombrir.

Après l'écroulement de sa dernière tentative de vie libre, Dmitri avait compris que sa place n'était pas parmi les hommes, qu'il serait toujours ou leur victime, ou leur bourreau, et il était revenu là, à la Légion, avec le seul désir désormais d'y rester pour jamais et de dormir un jour dans le coin des « heimatlohs, » au cimetière de Saïda...

CŒUR FAIBLE

Hâtif, le soir d'automne descendait sur la plaine ocreuse que fermaient les chaînes de collines arides.

La grande terrasse rectiligne et puissante du Djebel Antar se profilait tout en or, sur l'horizon rouge.

Pendant un court instant, une houle pourpre roula à travers le désert nu, et les dunes fauves de la Zousfana flambèrent, toutes roses.

Au loin, le siroco, qui s'apaisait, promenait encore quelques petits tourbillons de poussière blonde. Ils s'en allaient, solitaires, vers l'incendie du couchant.

Dans toute cette gloire quotidienne de lumière, la redoute, le camp et les vieux casernements en toub de Djenan-ed-Dar paraissaient petits et chétifs, timide essai de vie et de sécurité.

En l'immense stérilité d'alentour, seuls les quelques dattiers du cercle, en groupe serré, fraternel, dressaient leurs têtes échevelées,

toutes noires, où les reflets du jour finissant
jetaient des aigrettes d'or.

Stolz, seul, errait derrière les masures frustes
et branlantes des mercantis. La grande capote
des légionnaires alourdissait sa taille frêle,
et la visière de son képi jetait une ombre bleue
sur son visage jeune, desséché et bronzé, que
coupait une moustache blonde.

Comme tous ses camarades de la légion,
Stolz avait une histoire, dont le drame l'avait
amené là.

Fils naturel d'un industriel riche de Düssel-
dorf et d'une institutrice, Stolz avait, depuis
son enfance, assisté à la douleur et à ce que
tous deux croyaient être la honte de sa mère.

A l'école, il avait souffert du dédain méchant
et de l'inconsciente cruauté de ses condisciples.
Plus tard, devenu répétiteur dans un collège,
il demeura timide et farouche. Son cœur endo-
lori croyait découvrir du mépris ou une pitié
insultante dans l'attitude de tous ceux qui
l'approchaient.

Faible et doux, tout de tendresse, Stolz
n'était pas devenu le révolté que, fort, il eût
dû être, sous l'injustice imbécile des hommes.

Son père ne l'avait pas abandonné matériellement. C'était lui qui avait pourvu aux frais
de son instruction. Quand sa mère mourut,
Stolz, de cette attitude quasi paternelle, conçut

l'espoir de se faire adopter un jour pour avoir un nom honoré.

Aux avances passionnées de son fils, le vieillard demeura silencieux, impénétrable.

Alors Stolz pensa que, s'il commettait un acte désespéré, son père serait ému et, pour le sauver de la déchéance définitive, lui accorderait la grâce tant souhaitée.

Il gagna la France et s'engagea à la Légion étrangère. Dès son arrivée à Saïda, il avait écrit à son père, lui disant qu'il ne pouvait plus vivre en Allemagne, objet de dédain et d'éloignement pour tous.

C'étaient cinq ans de sa vie que Stolz sacrifiait ainsi. Il accepta avec courage son dur métier nouveau ; soldat modèle, d'un entrain et d'une patience rares, il vivait de toute l'ardeur de son espérance.

On envoya sa compagnie dans le Sud. Il s'en réjouit : on se battait, là-bas. Son père le saurait en danger. Il aurait pitié...

Et ainsi, pendant des mois, Stolz avait écrit des lettres où il avait mis tout son cœur, implorant cet homme qui, si loin, lui semblait disposer de sa vie.

Il avait eu quelques heures de découragement en ne voyant rien venir... ces heures étaient aussi les plus lucides ; mais Stolz s'obstinait dans son attente.

Et voilà que ce soir, le vaguemestre lui avait remis une lettre de son père, et tout s'était brusquement effondré : c'était un refus définitif, irrévocable. On lui défendait même d'écrire.

D'abord, une sorte de torpeur lourde avait envahi l'esprit de Stolz. Il avait erré, sans but, dans la cour de la vieille redoute. Puis, pris d'un immense besoin de solitude, il était sorti.

Toute la lucidité de son esprit lui était revenue. De par son éducation et ses convictions, son malheur était irréparable. Il le comprit.

Puisque le retour là-bas, au pays, était devenu inutile, puisqu'il ne serait jamais qu'un exclu de la société, un paria, autant valait rester là, disparaître pour toujours parmi les *heimatlohs* (1) de la légion.

Mais alors, c'était un pacte conclu avec cette vie de soldat, avec cette terre âpre qu'il ne pouvait aimer, parce que sa nature trop faible et trop tendre n'en percevait pas la superbe mélancolie, la splendeur inouïe.

Et, tout à coup, comme le soir achevait de tomber, noyant le désert d'obscurité et de silence, il sentit pour la première fois le malaise lourd que causait ce pays à son âme d'homme du nord. Il perçut la menace qui planait dans

(1) Heimatlohs (sans-patrie), terme allemand usité à la Légion.

ces horizons vides, sur la terre sans eau où aucune vie ne germerait jamais.

Sa détresse fut immense. Le voile des lendemains ignorés, qui, seul, bienfaisant, nous fait vivre, s'était déchiré devant ses yeux. Il lui sembla embrasser, d'un regard, tout ce que serait sa vie : une morne succession de jours, d'années monotones, d'actes sans but ni intérêt!

La nuit tomba, lourde, obscure, sous le ciel violet. Les grandes étoiles claires versaient une lueur vague sur le désert noir, assoupi dans le silence menaçant.

Le rauquement sauvage des chameaux agenouillés devant les masures grises du bureau arabe se tut.

Stolz, son fusil sur l'épaule, déambulait lentement le long du mur ouest de la vieille redoute. Il se traînait péniblement. Une lassitude infinie brisait ses membres. Un dégoût immense des choses paralysait sa pensée.

..... Les clairons égrenèrent dans la nuit la plainte lente, très douce de l'extinction des feux. La sonnerie dernière sembla planer dans le silence, puis mourut...

Stolz s'arrêta.

Il était calme, maintenant, se résignant devant l'irréparable, courbant la tête.

Pas une seule fois, dans toute sa vie, il n'avait

songé que ce qu'il croyait être un malheur immense n'était qu'une illusion, une convention stupidement cruelle et surannée. Pour toujours, l'idée qu'il était, de par sa naissance, un paria avait subjugué son esprit.

Maintenant, tout effort lui apparaissait inutile et il sentait qu'il ne saurait où puiser le courage de vivre dans l'obscurité noire où il était tombé.

Alors, une idée lui vint, tout à coup, très mélancolique et très douce : il y avait une issue, simple, immédiate, la fin de toute souffrance...

Stolz ne s'attendrit pas sur lui-même. Il ne se pencha pas, pitoyable, sur sa vie gâchée.

Un grand calme s'était fait en lui. Dans la tristesse infinie de cette heure solitaire, il se sentit fort.

Tout de suite, sans hésitation, sans crainte, sa résolution devint inébranlable.

Alors, comme il n'avait pas de hâte, comme il ne redoutait aucun revirement de sa volonté, il s'intéressa à des choses menues ; le reflet rouge d'une lanterne balancée qui suivait le mur de la nouvelle redoute, une flamme très haute et très blanche qui s'était allumée au loin, dans la dune.

Il songea : la nuit est belle... *Demain*, il n'y aura plus de vent...

Puis il sourit... Pour lui, demain ne viendrait jamais.

Méthodiquement, en bon soldat soigneux, il posa la crosse de son fusil à terre, appuyant le canon sur sa poitrine : c'était le moment, on allait venir le relever.

Avec la pointe de sa baïonnette, il appuya sur la détente. La détonation, sèche, brève, roula dans le silence, se tut.

Lentement, Stolz s'affaissa au pied du mur.

En groupe silencieux, les légionnaires, le visage assombri, les yeux secs, revenaient du petit cimetière perdu dans l'immensité pulvérulente. Ils rapportaient le brancard des morts.

Et le jour d'automne acheva de se lever, clair, radieux sur les montagnes lointaines aux arêtes arides sur le désert noyé de limpidités roses et sur la petite tombe toute fraîche de Stolz, parmi les autres sépultures mélancoliques, esseulées dans le vide de la terre déshéritée.

Béni-Ounif, novembre 1903.

FRÈRES DE RENCONTRE

L'AMI

Ordonnances tous deux, Louis Lombard, le tringlot, et Dahmane Bou Saïd, le tirailleur, étaient voisins.

Ils étaient arrivés à El-Oued presque en même temps et avaient éprouvé le même dépaysement au milieu de tout ce sable à l'horizon flamboyant, Lombard surtout, montaguard du Jura... Depuis qu'il avait quitté le pays pour faire son « service », il était en proie à une sorte de cauchemar qui allait en s'assombrissant, à mesure que l'aspect des choses environnantes changeait, devenant plus étrange. Dans le décor figé des dunes, dans la ville singulière aux mille coupoles grises, le malaise qui étreignait l'âme fruste du paysan atteignit un degré d'intensité proche du désespoir. C'était si loin, ce pays perdu, et l'œil ne trouvait rien de connu, rien de familier sur quoi se reposer de tout cet éblouissement morne. Et le tringlot *errait* dans cette vie nouvelle, accablé, le cœur en détresse. Il lui arrivait même de pleurer, la nuit, en pensant à la ferme de ses parents et aux chers vieux.

Bou Saïd était né sur le bord de la mer, à Bône. Lui aussi était habitué à l'ombre des jardins verts au pied de la montagne... Son père, propriétaire aisé, lui avait fait donner une instruction primaire à l'école arabe-française et à la zaouïya. Mais, devenu homme, de caractère aventureux, Dahmane avait quitté la maison paternelle et s'était engagé. Pour lui, comme pour le tringlot, l'exil au pays de sable avait été douloureux. Lui aussi avait senti l'emprise angoissante du désert... quoique musulman ; les hommes du sud étaient bien différents des Arabes du nord, et ils fuyaient les tirailleurs, qu'ils dédaignaient. Bou Saïd s'isolait, ne voulant pas descendre à la brutalité de ses camarades, dont il avait connu plusieurs, cireurs de bottes à Bône ou portefaix. Et le hasard le rapprocha du tringlot.

Les deux ordonnances ne s'étaient d'abord pas parlé, indifférents. Mais un soir, comme Lombard conduisait le cheval du major à l'abreuvoir, la bête s'emballa et jeta à terre le tringlot. Bou Saïd s'élança à son secours et arrêta l'animal furieux.

Lombard, un grand blond, encore presque imberbe, avait l'habitude de regarder les gens un peu de côté et en dessous, malgré l'honnêteté foncière de son cœur. Il dévisagea le tirailleur, et cette fine figure aquiline, bronzée par le soleil du sud, lui plut.

— Merci... Donne-moi voir la main pour rentrer cette sale bête à l'écurie...

Pour la première fois, Lombard avait adressé la parole à un Arabe : ces hommes d'un type inconnu, à l'incompréhensible langage, au costume étrange, l'effrayaient presque.

— Tu viens de France, demanda Bou Saïd, comme ils cheminaient côte à côte.

— Ben sûr... Et toi, t'es de par ici?

— Oh non ! Je suis de Bône, un beau pays où il y a des arbres, de l'eau et des montagnes... Pas comme ici !

— Oh oui, pour un fichu pays, c'est un fichu pays !

Sans savoir, Lombard avait éprouvé du plaisir en apprenant que Bou Saïd n'était pas de ce « fichu pays ». Ça l'encourageait à lui parler. Depuis ce jour, toutes les fois qu'ils se rencontraient, ils se parlaient et, malgré l'abîme qui les séparait, ils devinrent bientôt amis. Lombard, lui aussi, était esseulé parmi ses camarades français, les infirmiers et les joyeux.

Les premiers, des Algériens, se moquaient de lui, parce qu'il était tringlot, « *royal-cambouis* », comme ils disaient. Quant aux joyeux, leur argot cynique lui déplaisait. Il préféra la société de ce garçon sérieux et réfléchi comme lui qu'était Bou Saïd.

Quand ils n'avaient rien à faire, ils se réunissaient dans la petite chambre de Lombard et recousaient leur linge en s'interrogeant mutuellement sur leurs pays.

Ils tâchaient de se représenter, d'après leurs récits, ces lieux que, probablement, ni l'un ni l'autre ne verraient jamais. Et ils se consolaient d'être des exilés, des captifs, en parlant des êtres et des choses qu'ils avaient aimés.

Pendant plus d'un mois, Lombard n'avait pas osé sortir du bordj ; les ruelles enchevêtrées et étroites où circulaient des Arabes ne lui semblaient pas bien sûres. D'ailleurs, où serait-il allé ?

Un soir pourtant, Bou Saïd, qui s'ennuyait de cet emprisonnement, lui proposa de lui montrer la ville, et ils sortirent. Presque craintif, Lombard suivait le tirailleur, et ses pieds inaccoutumés enfonçaient dans le sable blanc, si fin qu'on l'eût dit tamisé. Maintenant qu'il commençait à s'habituer à ce pays et qu'il avait quelqu'un à qui confier ses impressions, une curiosité lui venait de tout cet inconnu environnant. Il savait tout juste lire et écrire, mais son esprit ensommeillé était capable d'un réveil.

Dans les rues, à la tombée de la nuit, les Arabes, graves, encapuchonnés et portant de longs chapelets au cou, passaient, regagnant leurs mystérieuses demeures à coupoles ou s'installant devant les cafés maures, sur des nattes. Quelques-uns échangeaient un salut bref avec Bou Saïd.

— Qu'est-ce qu'il t'a dit ? demandait Lombard intrigué.

— Il m'a salué.

— C'est que tu le connais, alors?

— Non, dans notre religion, c'est l'habitude de se saluer, sans se connaître.

— Ça, c'est bien. Faut être poli. Mais, dis voir, pourquoi que les femmes elles se cachent la figure et qu'il y en a si peu dans la ville?

— Ce n'est pas l'habitude pour nos femmes de sortir... Mais si tu veux en voir, des Mauresques, je vais t'en faire voir. Viens! Ah, si on pouvait, quand on sera relevé, être envoyé dans le Tell, c'est là que tu verrais de belles femmes !

— Où c'est-y encore, ça, le Tell ?

— Ç'est le Nord, le pays que tu as vu en débarquant.

— Ça serait chic...

La nuit était tout à fait tombée et la ville se faisait déserte. Lombard et Bou Saïd sortirent sur « la route » de Touggourth — une piste dans le sable — et montèrent vers une maison qui dominait le désert, finissant la ville, au sud-ouest. Les portes de ce lieu étaient ouvertes et on y faisait beaucoup de tapage. Sur des bancs, des tirailleurs étaient assis, qui buvaient, chantaient ou se disputaient. Mais les regards du tringlot furent surtout captivés par une dizaine de créatures étranges, vêtues comme des fantômes et qui portaient sur leur visage bronzé des signes tatoués en bleu. Quelques-unes buvaient avec les tirailleurs, tandis que les autres dansaient en se trémoussant drôlement.

L'une d'elles, assise à la manière des tailleurs, battait du tambourin et chantait, d'une voix de fausset, une complainte monotone, dont la tristesse jurait étrangement avec le lieu et l'assistance.

— Elles ne sont pas bien jolies, dit Bou Saïd, mais que veux-tu ? Y en a pas d'autres par là, pour ceux qui n'ont pas d'amies en ville.

L'une des danseuses, roulant ses hanches drapées de rouge, vint s'asseoir près de Lombard et lui prit la main. Elle parlait sabir et Lombard la comprenait à peu près. Un fort parfum se dégageait des vêtements de cette femme, quelque chose comme la senteur de la cannelle et du musc mélangés. Lombard examinait curieusement sa voisine et il éprouvait pour elle à la fois une sorte de crainte, comme devant un être d'une autre espèce, et une attraction sensuelle... Lombard et Bou Saïd burent beaucoup ce soir-là, et ils finirent par s'attarder très longtemps là, dans la « taverne » de Ben Dif Allah.

Quelquefois, Lombard et Bou Saïd allaient s'étendre sur le sable pur et moelleux comme un tapis, au sommet d'une grande dune grise qui dominait El-Oued, le moutonnement infini de l'Erg (1) et les tristes petites villes essaimées autour d'El-Oued: Gara, Sidi-Abdallah, Teksebeth, où, parmi des amas de ruines, les chèvres noires erraient sous les coupoles caduques des maisons.

De là-haut, ils regardaient les jeux splendides, les jeux capricieux de la lumière vespérale sur le sable versicolore et les théories de femmes qui rentraient des puits, courbées sous les peaux de bouc pleines ou portant sur leur tête en un geste gracieux, de grandes amphores ruisselantes...

Peu à peu, ils s'habituaient à ce pays de lumière et de silence, et il ne leur faisait plus peur. Mais ils en sentaient pourtant toujours d'instinct l'immense, l'irrémédiable tristesse...

— ...Lombard! Il y a une lettre pour moi! dit Bou Saïd en rentrant après la distribution du vaguemestre.

— Moi aussi, j'en ai une!

Serrant précieusement leurs chères lettres dans leurs bourgerons, les ordonnances allèrent d'abord porter le courrier à leurs officiers, puis, congédiés pour la nuit, ils coururent

(1) L'Erg, les grandes dunes.

s'enfermer dans la chambre de Lombard. Là, assis sur le lit, ils décachetèrent vite leurs lettres. Alors, avec une joie d'enfants, ils se communiquèrent les nouvelles de leurs pays, et les vieux noms de France s'entrecroisaient avec ceux de l'Islam.

— Tiens ! Ma cousine Jeanne qui se marie avec le fils Beşson, celui qui tient le jeu de boules à Copponex.

— Mon frère Ali s'est marié avec la fille de Si Hadj Tahar, le maquignon de Morris.

— Et le frère qui a acheté à la foire de Gaillard deux vaches de Suisse, une rousse et une noire, qu'elles vont bientôt vêler... Les affaires marchent, cette année, et les vieux sont contents. Ah ! le fichu sort d'être paresseux... Moi, je voudrais bien les voir, leurs nouvelles vaches...

A la fin, Lombard, baissant la voix, ajouta une confidence :

— Et la Françoise, la fille à Mouchet, un qui en a, du bien, celle que je lui *parlais*, elle me fait donner le bonjour et elle me fait dire comme ça que c'est toujours entendu pour quand je finirai mon *service*.

Comme Bou Saïd lisait toujours, Lombard se pencha par-dessus son épaule. Il resta stupéfait en voyant les minces petites arabesques qui couvraient la moitié d'une grande feuille de papier pliée par le milieu.

— Alors, c'est ça ta lettre ? Et tu y comprends quelque chose, toi ? Ah ben, ma foi !

Les soirs de courrier étaient des heures de joie pour les deux soldats et ils les passaient à relire leurs lettres, à les commenter indéfiniment, à se donner des explications.

A la fin, ils connaissaient mutuellement leurs familles, s'en demandaient des nouvelles, sachant jusqu'à la disposition des lieux où chacun d'eux avait passé son enfance. Dans leurs réponses, qu'ils *faisaient* ensemble, ils parlaient l'un de l'autre, disant leur amitié. Ils en vinrent à se dire :

— N'oublie pas surtout de bien leur donner le bonjour de ma part, à tes vieux !

... L'hiver était venu, un étrange hiver, triste et inquiétant. Sous le grand ciel noir, les dunes semblaient livides et le vent hurlait lugubrement, accumulant les sables gris contre les murs du bordj. Il faisait froid et les deux amis ne se promenaient plus que rarement. Ils avaient choisi, pour passer les longues veillées, la chambre de Lombard, mieux exposée et plus grande. Dans un coin, il y avait le lit, puis la table et le banc de bois. Au mur, sur une planche, le sac du tringlot, et, à côté, le fusil et le sabre-baïonnette. Les frusques étaient pendues à des clous. Bou Saïd, vieux soldat rengagé, avait une sollicitude paternelle pour son ami le *bleu*. Il lui faisait « son truc », lui lavait son linge. Il avait blanchi les murs, cloué des images de journaux illustrés et un miroir arabe.

Puis, au-dessus de la table, il avait fixé des cornes de gazelle volées à la popote des officiers. Il apporta des amulettes en cuir et des flèches touaregs en pierres multicolores. Il avait orné avec tout cela *leur* chambre : désertant la sienne, il apportait tous les soirs son matelas chez Lombard. — C'est beau, tu sais, par chez nous ! disait avec fierté Lombard, en considérant leur logis. Peu à peu, dans leur étroite amitié, guéris de l'angoisse de leur exil, ils s'étaient sentis heureux. Les mois qu'ils avaient encore à passer là ne les effrayaient plus. Ils n'aimaient même pas à parler de ce changement de détachement qui les séparerait probablement pour jamais.

*
* *

Les camarades européens de Lombard accentuèrent leur mépris pour le tringlot : il était devenu l'ami d'un bicot. Quand ils se moquaient de lui, il les regardait de travers et, enfonçant sa tête blonde entre ses épaules de colosse, il répondait : — Ben quoi ? Et pis ? Et si ça me plaît de marcher avec l'Arabe, qu'est-ce que ça vous fiche, à vous autres ?

Depuis que, d'un coup de poing, il avait abattu

un « joyeux » qui l'insultait, on n'aimait guère se disputer avec Lombard, et ses camarades finirent par lui laisser la paix, se contentant de sourire quand il passait avec le tirailleur.

Bou Saïd, lui aussi, savait se faire craindre : il dégainait très vite, à la moindre altercation, et avait déjà eu quelques disputes chez Ben Dif Allah. Les autres tirailleurs n'osèrent donc pas critiquer ouvertement son amitié avec le *roumi*, qui leur semblait déplacée chez un *taleb* comme Bou Saïd.

*
* *

Maintenant qu'ils connaissaient la ville, ils eurent quelques ébauches de romans avec de jolies *soufia* aux chairs ambrées et aux yeux de velours. Très simples tous deux et très primitifs, ils avaient un peu la même manière de s'amuser. Mais Bou Saïd apportait dans ses aventures d'amour une passion et un sérieux qui étonnaient Lombard : pour lui, tout cela n'était que de la « rigolade », d'abord parce qu'on était jeune, ensuite, histoire de passer le temps. Pour lui, il ne pouvait être question d'amour que quand c'était pour le *sérieux*, comme il disait, c'est-à-dire pour le mariage. Et il s'étonnait que Bou Saïd pût être si souvent amoureux de créatures vénales. Ce qui le surprenait surtout, c'était qu'après des coups de passion et de jalousie, qui eussent pu aboutir au crime, ces amours de Bou Saïd passassent si vite pour faire place à d'autres. Mais Lombard, raisonnable, disait que le bon Dieu n'avait pas créé tout le monde la même chose et que « chaque pays a sa mode ».

*
* *

... Pendant des mois, la vie commune des deux ordonnances s'écoula, d'une monotonie berceuse et, tous deux, inconsciemment, en désiraient la durée indéfinie.

Mais, vers la fin de l'hiver, Bou Saïd, déjà faible de poitrine, tomba malade. Il avait pris un mauvais coup de froid et n'avait pas voulu se faire porter malade. Mais une fièvre intense le prit et il dut entrer à l'hôpital... Dès le premier jour, le major le déclara perdu.

Lombard, désolé, passa tous ses instants de liberté auprès du malade, s'ingéniant à le soigner. Une angoisse horrible s'était emparée du tringlot à la pensée que Bou Saïd allait mourir. Le bon Dieu ne l'aimait donc pas, lui, qu'il lui prenait ainsi son seul ami !

... Pendant plusieurs jours, Bou Saïd, en proie au délire, fut privé de connaissance. Enfin, un soir, vers la tombée de la nuit, il reprit conscience.

L'infirmier venait d'allumer la veilleuse et sa petite flamme falote répandait une clarté rosée dans la chambre garnie de quatre lits hauts et étroits, tous vides, à l'exception de celui de Bou Saïd. Lombard tenait son ami par la main, et il fut tout joyeux quand il vit que le malade le reconnaissait.

— Lombard... Lombard...

Bou Saïd était d'une faiblesse extrême. Décharné, ses larges yeux noirs béants dans sa face décomposée, ses lèvres collées sur les dents blanches, le beau garçon qu'il avait été était méconnaissable. Ce qui était affreux surtout, c'était le râle et le sifflement de sa respiration.

— Faut pas te faire de mauvais sang, disait Lombard, à qui le silence faisait peur. A présent que t'as ta raison, c'est fini, t'es sauvé.

Mais Bou Saïd hocha la tête.

— Lombard... les papiers... les lettres... mes effets... garde-les... c'est pour toi...

— Mais non! Qu'est-ce que tu chantes-là ? Faut pas te faire des idées comme ça, que ça me rompt le cœur!

Il disait cela, mais il voyait bien que c'était la fin, et il avait peur de se mettre à pleurer. Pendant un long instant, Bou Saïd resta immobile, les yeux clos. Lombard, le croyant endormi, garda le silence... Mais le râle du malade devint plus rauque et il roula sa tête sur l'oreiller... Il dégagea sa main de celle de Lombard et il leva l'index... Par trois fois, ses lèvres murmurèrent quelque chose que le tringlot ne comprit pas... Puis, après deux ou trois sursauts accompagnés d'un hoquet affreux, Bou Saïd se laissa aller dans les bras de son ami qui s'était levé, épouvanté.

— Bou Saïd ! Bou Saïd ! C'est, bon Dieu, pas possible, ça... c'est trop affreux ! répétait en sanglotant le tringlot.

Morne, la tête entre ses mains crispées, il veilla, jusqu'au matin, le corps que les infirmiers avaient couvert d'un drap blanc.

Le matin, des hommes vêtus de blanc et d'aspect grave vinrent laver le corps de Bou Saïd, dans la salle des autopsiés. Après, ils l'enroulèrent dans un grand linceul blanc et lui couvrirent le visage, pour toujours. Puis ils récitèrent des oraisons, sur un ton solennel et monotone. Dans un coin, Lombard, son képi à la main, écoutait, priant en lui-même le bon Dieu : chacun avait sa religion, mais il n'y avait qu'un seul bon Dieu, se disait le tringlot.

On emporta Bou Saïd sur un brancard recouvert d'un drap blanc. Lombard suivit le cortège qui sortit de la ville et descendit vers la vallée grise où est le cimetière des Ouled-Ahmed. En demi-cercle devant le cadavre posé à terre, les Arabes prièrent, sans se prosterner. Puis, ils le descendirent dans la fosse large et profonde; le recouvrirent de palmes vertes et, très vite, rejetèrent le sable sec...

Lombard, toujours en tête, debout, suivait des yeux les mouvements des Arabes. Une douloureuse torpeur l'avait envahi et il regardait avec angoisse le point de la terre d'exil où son ami avait disparu pour l'éternité. Le caporal de tirailleurs disposa, sur un mouchoir de troupe, quelques galettes azymes et des figues sèches que les *tolba* et les mendiants emportèrent.

Puis, tous regagnèrent la ville. Lombard, seul, suivait ces hommes d'une autre race. Son chagrin était immense, accablant.

Quand il rentra dans *leur* chambre, il pleura désespérément à la vue de tous ces objets qu'*il* avait si bien disposés... La nuit tombante, quand il sortit pour aller chercher le courrier du sous-officier, il songea que plus jamais Bou Saïd ne lirait ses lettres avec lui...

Alors, en rentrant, Lombard comprit qu'il ne lui restait plus rien à faire dans ce pays, sinon à compter les jours qui le séparaient encore de sa libération...

Il se jeta sur son lit et pleura longtemps, tandis que le vent glacé de l'hiver nivelait, au cimetière musulman, le petit tertre de sable qui était la tombe de Dahmane Bou Saïd.

M'TOURNI

Une masure en pierres disjointes, un champ maigre et caillouteux dans l'âpre montagne piémontaise, et la misère au foyer où ils étaient douze enfants... Puis, le dur apprentissage de maçon, chez un patron brutal.

Un peu aussi, plus vaguement, à peine ébauchés dans sa mémoire d'illettré, quelques échappées de soleil sur les cimes bleues, quelques coins tranquilles dans les bois obscurs où poussent les fougères gracieuses au bord des torrents.

A cela se bornaient les souvenirs de Roberto Fraugi, quand, ouvrier errant, il s'était embarqué pour Alger avec quelques camarades.

Là-bas, en Afrique, il travaillerait pour son propre compte, il amasserait un peu d'argent, puis quand approcheraient les vieux jours, il rentrerait à Santa-Reparata, il achèterait un bon champ et il finirait ses jours, cultivant le maïs et le seigle nécessaires à sa nourriture.

Sur la terre ardente, aux grands horizons

mornes, il se sentit dépaysé, presque effrayé : tout y était si différent des choses familières !

Il passa quelques années dans les villes du littoral, où il y avait des compatriotes, où il retrouvait encore des aspects connus qui le rassuraient.

Les hommes en burnous, aux allures lentes, au langage incompréhensible, lui inspiraient de l'éloignement, de la méfiance, et il les coudoya dans les rues, sans les connaître.

Puis, un jour, comme le travail manquait à Alger, un chef indigène des confins du Sahara lui offrit de grands travaux à exécuter dans son bordj. Les conditions étaient avantageuses, et Roberto finit par accepter, après de longues hésitations : l'idée d'aller si loin, au désert, de vivre des móis avec les Arabes, l'épouvantait.

Il partit, plein d'inquiétude.

Après de pénibles heures nocturnes dans une diligence grinçante, Fraugi se trouva à M'sila.

C'était l'été. Une chaleur étrange, qui semblait monter de terre, enveloppa Roberto. Une senteur indéfinissable traînait dans l'air, et Fraugi éprouva une sorte de malaise singulier, à se sentir là, de nuit, tout seul au milieu de la place vaguement éclairée par les grandes étoiles pâles.

Au loin dans la campagne, les cigales chantaient, et leur crépitement immense emplissait le silense à peine troublé, en ville, par le glou-glou mystérieux des crapauds tapis dans les *séguia* chaudes.

Des silhouettes de jeunes palmiers se profilaient en noir sur l'horizon glauque.

A terre, des formes blanches s'allongeaient, confuses : des Arabes endormis fuyant au dehors le chaleur et les scorpions.

Le lendemain, dans la clarté rosée de l'aube, un grand bédouin bronzé, aux yeux d'ombre, réveilla Fraugi dans sa petite chambre d'hôtel.

— Viens avec moi, je suis le garçon du caïd.

Dehors, la fraîcheur était délicieuse. Un vague parfum frais montait de la terre rafraîchie et un silence paisible planait sur la ville encore endormie.

Fraugi, juché sur un mulet, suivit le bédouin monté sur un petit cheval gris, à long poil hérissé, qui bondissait joyeusement à chaque pas.

Ils franchirent l'oued, dans son lit profond. Le jour naissant irisait les vieilles maisons en *toub*, les *koubba* sahariennes, aux formes étranges.

Ils traversèrent les délicieux jardins arabes de Guerfala et entrèrent dans la plaine qui s'étendait, toute rose, vide, infinie.

Très loin, vers le sud, les monts des Ouled-Naïl bleuissaient à peine, diaphanes.

— La plaine, ici, c'est le Hodna... Et là-bas, sous la montagne, c'est Bou-Saâda, expliqua le bédouin.

Très loin, dans la plaine, au fond d'une dépression salée, quelques masures grisâtres se groupaient autour d'une *koubba* fruste, à haute coupole étroite.

Au-dessus, sur un renflement pierreux du sol, il y avait le bordj du caïd, une sorte de fortin carré, aux murailles lézardée, jadis blanchies à la chaux. Quelques figuiers rabougris poussaient dans le bas-fond, autour d'une fontaine tiède dont l'eau saumâtre s'écoulait dans la *seguia* où s'amassaient le sel rougeâtre et le salpêtre blanc en amas capricieux.

On donna au maçon une chambrette nue, toute blanche, avec, pour mobilier, une natte, un coffre et une *matara* en peau suspendue à un clou.

Là, Fraugi vécut près d'une demi-année, loin de tout contact européen, parmi les Ouled-Madbi bronzés, aux visages et aux yeux d'aigle, coiffés du haut *guennour* à cordelettes noires.

Seddik, le garçon qui avait amené Fraugi, était le chef d'une équipe de manœuvres qui aidaient le maçon, accompagnant leur lent travail de longues mélopées tristes.

Dans le bordj solitaire, le silence était à peine troublé par quelques bruits rares, le galop d'un cheval, le grincement du puits, le rauquement sauvage des chameaux venant s'agenouiller devant la porte cochère.

Le soir, à l'heure rouge où tout se taisait, on priait, sur la hauteur, avec de grands gestes et des invocations solennelles. Puis, quand le caïd s'était retiré, les khammès et les domestiques, accroupis à terre, causaient ou chantaient, tandis qu'un *djouak* murmurait ses tristesses inconnues.

Au bordj, on était affable et bon pour Fraugi, et surtout peu exigeant. Peu à peu, dans la monotonie douce des choses, il cessa de désirer le retour au pays. Il s'accoutumait à cette vie lente, sans soucis et sans hâte, et, depuis qu'il commençait à comprendre l'arabe, il trouvait les indigènes sociables et simples, et il se plaisait parmi eux.

Il s'asseyait maintenant avec eux sur la colline, le soir, et il les questionnait ou leur contait des histoires de son pays.

Depuis sa première communion, Fraugi n'avait plus guère pratiqué, par indifférence. Comme il voyait ces hommes si calmement croyants, il les interrogea sur leur foi. Elle lui sembla bien plus simple et plus humaine que celle qu'on lui avait enseignée et dont les mystères lui cassaient la tête, disait-il...

En hiver, comme les travaux au bordj étaient terminés et que le départ s'approchait, Fraugi éprouva de l'ennui et un sincère regret.

Les khammès et les manœuvres eux aussi le regrettaient : le roumi n'avait aucune fierté, aucun dédain pour eux. C'était un *Oulid-bab-Allah*, un bon enfant.

Et un soir, tandis que, couchés côte à côte dans la cour, près du feu, ils écoutaient un *meddah* aveugle, chanteur pieux venu des Ouled-Naïl, Seddik dit au maçon : — Pourquoi t'en aller ? Tu as un peu d'argent. Le caïd t'estime. Loue la maison d'Abdelkader ben Hamoud, celui qui est parti à la Mecque. Il y a des figuiers et un champ. Les gens de la tribu s'entendent pour construire une mosquée et pour préparer la *koubba* de Sidi Berrabir. Ces travaux te feront manger du pain, et tout sera comme par le passé.

Et « pour que tout fût comme par le passé » Fraugi accepta.

Au printemps, quand on apprit la mort à Djeddah d'Abdelkader, Fraugi racheta l'humble propriété, sans même songer que c'était la fin de ses rêves de jadis, un pacte éternel signé avec la terre âpre et resplendissante qui ne l'effrayait plus.

Fraugi se laissait si voluptueusement aller à la langueur des choses qu'il ne se rendait même plus à M'sila, se confinant à Aïn-Menedia.

Ses vêtements européens tombèrent en loques et, un jour, Seddik, devenu son ami, le costuma en Arabe. Cela lui sembla d'abord un déguisement, puis il trouva cela commode, et il s'y habitua.

Les jours et les années passèrent, monotones, dans la paix somnolente du douar. Au cœur de Fraugi, aucune nostalgie du Piémont natal ne restait plus. Pourquoi aller ailleurs, quand il était si bien à Aïn-Menedia ?

Il parlait arabe maintenant, sachant même quelques mélopées qui scandaient au travail ses gestes de plus en plus lents.

Un jour, en causant, il prit à témoin le *Dieu en dehors de qui il n'est pas de divinité*. Seddik s'écria : — *Ya Roubert* ! Pourquoi ne te fais-tu pas musulman ? Nous sommes déjà amis, nous serions frères. Je te donnerais ma sœur, et nous resterions ensemble, en louant Dieu !

Fraugi resta silencieux. Il ne savait pas analyser ses sensations, mais il sentit bien qu'il l'était déjà, musulman, puisqu'il trouvait l'Islam meilleur que la foi de ses pères... Et il resta songeur.

Quelques jours plus tard, devant des vieillards et Seddik, Fraugi attesta spontanément qu'il *n'y a d'autre dieu que Dieu et que Mohammed est l'Envoyé de Dieu*.

Les vieillards louèrent l'Eternel, et Seddik,

très ému sous ses dehors graves, embrassa le maçon.

Roberto Fraugi devint Mohammed Kasdallah.

La sœur de Seddik, Fathima Zohra, devint l'épouse du *m'tourni*. Sans exaltation religieuse, simplement, Mohammed Kasdallah s'acquitta de la prière et du jeûne.

.

Roberto Fraugi ne revint jamais à Santa Reparata de Novarre, où on l'attendit en vain...

Après trente années, Mohammed Kasdallah, devenu un grand vieillard pieux et doux, louait souvent Dieu et la toute-puissance de son *mektoub*, car il était écrit que la maisonnette et le champ qu'il avait rêvé jadis d'acheter un jour à Santa Reparata, il devait les trouver sous un autre ciel, sur une autre terre, dans le Hodna musulman, aux grands horizons mornes...

PARTIR

LA RIVALE

Un matin, les pluies lugubres cessèrent et le soleil se leva dans un ciel pur, lavé des vapeurs ternes de l'hiver, d'un bleu profond.

Dans le jardin discret, le grand arbre de Judée tendit ses bras chargés de fleurs en porcelaine rose.

Vers la droite, la courbe voluptueuse des collines de Mustapha s'étendit et s'éloigna en des transparences infinies.

Il y eut des paillettes d'or sur les façades blanches des villas.

Au loin, les ailes pâles des barques napolitaines s'éployèrent sur la moire du golfe tranquille. Des souffles de caresse passèrent dans l'air tiède. Les choses frissonnèrent. Alors l'illusion d'attendre, de se fixer, et d'être heureux, se réveilla dans le cœur du Vagabond.

Il s'isola, avec celle qu'il aimait, dans la petite maison laiteuse où les heures coulaient, insensibles, délicieusement alanguies, derrière le moucharabié de bois sculpté, derrière les rideaux aux teintes fanées

En face, c'était le grand décor d'Alger qui les conviait à une agonie douce.

Pourquoi s'en aller, pourquoi chercher ailleurs le bonheur, puisque le Vagabond le trouvait là, inexprimable, au fond des prunelles changeantes de l'aimée, où il plongeait ses regards, longtemps, longtemps, jusqu'à ce que l'angoisse indicible de la volupté broyât leurs deux êtres ?

Pourquoi chercher l'espace, quand leur retraite étroite s'ouvrait sur l'horizon immense, quand ils sentaient l'univers se résumer en eux-mêmes ?

Tout ce qui n'était pas son amour s'écarta du Vagabond, recula en des lointains vagues.

Il renonça à son rêve de fière solitude. Il renia la joie des logis de hasard et la route amie, la maîtresse tyrannique, ivre de soleil, qui l'avait pris et qu'il avait adorée.

Le Vagabond au cœur ardent se laissa bercer, pendant des heures et des jours, au rythme du bonheur qui lui sembla éternel.

La vie et les choses lui parurent belles. Il pensa aussi qu'il était devenu meilleur, car, dans la force trop brutalement saine de son corps brisé, et la trop orgueilleuse énergie de son vouloir alangui, il était plus doux.

... Jadis, aux jours d'exil, dans l'écrasant ennui de la vie sédentaire à la ville, le cœur du Vagabond se serrait douloureusement au souvenir des féeries du soleil sur la plaine libre.

Maintenant, couché sur un lit tiède, dans un rayon de soleil qui entrait par la fenêtre ouverte, il pouvait évoquer tout bas, à l'oreille de l'aimée, les visions du pays de rêve, avec la seule mélancolie très douce qui est comme le parfum des choses mortes.

Le Vagabond ne regrettait plus rien. Il ne désirait que l'infinie durée de ce qui était.

*
* *

La nuit chaude tomba sur les jardins. Un silence régna, où seul montait un soupir immense, soupir de la mer qui dormait, tout en bas, sous les étoiles, soupir de la terre en chaleur d'amour.

Comme des joyaux, des feux brillèrent sur la croupe molle des collines. D'autres s'égrenèrent en chapelets d'or le long de la côte, d'autres s'allumèrent, comme des yeux incertains, dans le velours d'ombre des grands arbres.

Le Vagabond et son aimée sortirent sur la route, où personne ne passait. Ils se tenaient par la main et ils souriaient dans la nuit.

Ils ne parlèrent pas, car ils se comprenaient mieux en silence.

Lentement, ils remontèrent les pentes du Sahel, tandis que la lune tardive émergeait des bois d'eucalyptus, sur les premières ondulations basses de la Mitidja.

Ils s'assirent sur une pierre.

Une lueur bleue coula sur la campagne nocturne et des aigrettes d'argent tremblèrent sur les branches humides.

Longtemps, le Vagabond regarda la route, la route large et blanche qui s'en allait au loin. *C'était la route du Sud.*

Dans l'âme soudain réveillée du Vagabond, un monde de souvenirs s'agitait.

Il ferma les yeux pour chasser ces visions. Il crispa sa main sur celle de l'aimée.

Mais, malgré lui, il rouvrit les yeux.

Son désir ancien de la vieille maîtresse tyrannique, ivre de soleil, le reprenait.

De nouveau, il était à elle, de toutes les fibres de son être.

Une dernière fois, en se levant, il jeta un long regard à la route : il s'était promis à elle.

... Ils rentrèrent dans l'ombre vivante de leur jardin et ils se couchèrent en silence sous un grand camphrier.

Au-dessus de leurs têtes, l'arbre de Judée étendit ses bras chargés de fleurs roses qui semblaient violettes, dans la nuit bleue.

Le Vagabond regarda son aimée, près de lui.

Elle n'était plus qu'une vision vaporeuse, inconsistante, qui allait se dissiper dans la clarté lunaire.

L'image de l'aimée était vague, à peine distincte, très lointaine. Alors, le Vagabond, qui l'aimait toujours, comprit qu'il allait partir à l'aube, et son cœur se serra.

Il prit l'une des grandes fleurs en chair du camphrier odorant et la baisa pour y étouffer un sanglot.

*
* *

Le grand soleil rouge s'était abîmé dans un océan de sang, derrière la ligne noire de l'horizon.

Très vite, le jour s'éteignit, et le désert de pierre se noya en des transparences froides.

En un coin de la plaine, quelques feux s'allumèrent.

Des nomades armés de fusils agitèrent leurs longues draperies blanches autour des flammes claires.

Un cheval entravé hennit.

Un homme accroupi à terre, la tête renversée, les yeux clos, comme en rêve, chanta une cantilène ancienne où le mot *amour* alternait avec le mot *mort*...

Puis, tout se tut, dans l'immensité muette.

*
* *

Près d'un feu à demi éteint, le Vagabond était couché, roulé dans son burnous.

La tête appuyée sur son bras replié, les membres las, il s'abandonnait à la douceur infinie

de s'endormir seul inconnu parmi des hommes
simples et rudes, à même la terre, la bonne terre
berceuse, en un coin de désert qui n'avait pas
de nom et où il ne reviendrait jamais.

Aïn-Taga, avril 1904.

DIVAGATIONS

NOTES AU CRAYON

Un droit que bien peu d'intellectuels se soucient de revendiquer, c'est le droit à l'errance, au *vagabondage*.

Et pourtant, le vagabondage, c'est l'affranchissement, et la vie le long des routes, c'est la liberté.

Rompre un jour bravement toutes les entraves dont la vie moderne et la faiblesse de notre cœur, sous prétexte de liberté, ont chargé notre geste, s'armer du bâton et de la besace symboliques, et *s'en aller !*

Pour qui connaît la valeur et aussi la délectable saveur de la solitaire liberté (car on n'est libre que tant qu'on est seul), l'acte de s'en aller est le plus courageux et le plus beau.

Égoïste bonheur, peut-être. Mais c'est le bonheur, pour qui sait le goûter.

Être seul, être *pauvre de besoins*, être ignoré, étranger et chez soi partout, et marcher, solitaire et grand, à la conquête du monde.

Le cheminot solide, assis sur le bord de la route, et qui contemple l'horizon libre, ouvert devant lui, n'est-il pas le maître absolu des terres, des eaux et même des cieux ?

Quel châtelain peut rivaliser avec lui en puissance et en opulence ?

Son fief n'a pas de limites, et son empire pas de loi.

Aucun servage n'avilit son allure, aucun labeur ne courbe son échine vers la terre qu'il possède et qui se donne à lui, toute, en bonté et en beauté.

Le paria, dans notre société moderne, c'est le nomade, le vagabond, « sans domicile ni résidence connus ».

En ajoutant ces quelques mots au nom d'un irrégulier quelconque, les hommes d'ordre et de loi croient le flétrir à jamais.

Avoir un domicile, une famille, une propriété ou une fonction publique, des moyens d'existence définis, être enfin un rouage appréciable, de la machine sociale, autant de choses qui semblent nécessaires, indispensables presque à l'immense majorité des hommes, même aux intellectuels, même à ceux qui se croient le plus affranchis.

Cependant, tout cela n'est que la forme variée de l'esclavage auquel nous astreint le contact avec nos semblables, surtout un contact réglé et continuel.

J'ai toujours écouté avec admiration, sans

envie, les récits de braves gens ayant vécu des vingt et trente ans dans le même quartier, voire dans la même maison, qui n'ont jamais quitté leur ville natale.

Ne pas éprouver le torturant besoin de savoir et de voir ce qu'il y a là-bas, au delà de la mystérieuse muraille bleue de l'horizon... Ne pas sentir l'oppression déprimante de la monotonie des décors... Regarder la route qui s'en va, toute blanche, vers les lointains inconnus, sans ressentir l'impérieux besoin de se donner à elle, de la suivre docilement, à travers les monts et les vallées, tout ce besoin peureux d'immobilité, ressemble à la résignation inconsciente de la bête, que la servitude abrutit, et qui tend le cou vers le harnais.

A toute propriété, il y a des bornes. A toute puissance, il y a des lois. Or, le cheminot possède toute la vaste terre dont les limites sont l'horizon irréel, et son empire est intangible, car il le gouverne et en jouit en esprit.

C'est fini : plus d'illusions nouvelles, ni de mystères charmeurs, ni de bonheur dans l'avenir... Il n'y a que la paix des doutes justifiés et réalisés, la brume du désespoir dans mon cœur meurtri. Combien peu j'ai vécu et combien j'ai souffert ! L'espérance lumineuse, la jeunesse, le bonheur, tout est fini... j'en ai fait mon deuil... tout est enterré et ne ressuscitera plus !

J'ai cru à la fraternité des hommes, mais au jour noir de l'infortune, je n'ai pu distinguer mes frères de mes ennemis. Je désirais pour les hommes la vérité et la liberté... mais le monde est resté le même monde d'esclaves imbéciles. Par la flamme et la vérité de mes discours accusateurs je rêvais de lutter sans trêve contre le mal... Mais dans le temple de la vérité, dans le temple sacré de la pensée, je ne trouve que l'orgie des hypocrites.

L'amour pour un instant, l'amour jeu et distraction dans l'ennui, l'amour, ivresse du sang et nom de l'âme, l'amour — cauchemar de malade, non, je ne regrette pas cet amour-là !

Ce n'est pas lui que je rêvais en mes nuits

d'insomnie... Non, c'était l'amour pur et vrai dont l'image sublime me hantait !

Pauvre comme une mendiante, menteuse comme une esclave, vêtue de loques éclatantes, la vie n'est belle que de loin et n'attire que vue de loin.

Mais, dès que tu y prêtes attention, dès que tu la rencontres face à face, tu en comprends le mensonge... Tu vois que sa majesté n'est qu'illusion sous ses fausses dorures et que sa beauté est artificielle comme celle d'une prostituée fardée...

> Ami, comment, n'étant point revêtu
> des habits de fête, es-tu entré ici ?
> (L'Évangile.)

Ton cœur ardent et sensitif, torturé et martyrisé dans les ténèbres de l'orage, aspire à la félicité du bonheur universel et croit y voir son propre bonheur.

Mais, ô ami, les saintes envolées de l'âme sont inutiles : dans l'arène ensanglantée de la vie, il y a assez d'espace pour le marché de l'avidité, mais il n'en est point pour le temple lumineux de l'amour !

Et pour ant, si réellement les malédictions se taisaient, si réellement le Baal était anéanti, si les hommes s'étreignaient comme des frères, si l'idéal descendait des cieux sur la terre... dis-moi : dans cet univers renouvelé et joyeux, toi, accoutumé à ta sainte douleur, serais-tu heureux à ce festin de la vie, toi qui souffris pour l'humanité et qui voulus son bonheur ?

Ton cœur — ce cœur malade, deviendrait muet sous la douleur, comme le champ devient stérile sous l'orage. Il n'échangerait pas la croix

des bienheureuses souffrances et des larmes
pour la félicité du repos... Et s'il regrettait
un jour le sort de lutteur et de prophète des
idées chères, comme un prisonnier, accoutumé
à la captivité, regrette son obscure prison ?...

CÉRÈS

VISION NOCTURNE

[Écrit au crayon, sans signature ni date, sur trois feuillets, recto et verso, numérotés de 1 à 5.]

Elle était en bois dur, fendu et rongé par les vents des mers, fatiguée d'avoir promené son sourire centenaire à travers trop de tempêtes, d'avoir contemplé, muette, les tristesses de trop d'horizons.

Après avoir regardé, de ses yeux vides et candides, l'immensité changeante pendant près d'un siècle, après avoir tant roulé de par le monde, elle était reléguée là, pauvre vieille chose mutilée et inutile, dans le coin obscur d'une toute petite chambre éclairée d'en bas comme un cachot, par une lucarne grillée.

Elle habitait ce coin gris, en son obscur et mystérieux silence, et continuait de sourire aux visions azurées de jadis.

En ce logis qui n'était pas mien et cependant ami où la destinée me rapportait parfois des [plages] lointaines où se plaît mon âme, je la retrouvais à chaque retour, toujours pareille, souriant toujours.

Je l'avais d'abord trouvée gênante en sa lourdeur massive et n'avais pas su déchiffrer le mystère de son âme de sirène.

Un soir, cependant qu'à ses pieds je m'endormis, parmi d'autres visions plus troubles, il me sembla la voir se redresser, retrouver ses jambes douloureusement séparées de la proue natale et sortir de son coin, haute et blanche, comme voilée d'un nimbe lumineux, telle, sur la mer calme, la bleuâtre clarté des lunes mourantes.

Sa face hellénique s'éclaira et sa bouche, si longtemps figée en un sourire inexpliqué, s'ouvrit. Elle parla :

« Au lieu de me rudoyer, maussade, et de me reprocher même ce coin obscur où est emprisonnée ma beauté, pourquoi, poète vagabond et inquiet, amoureux des horizons infinis, pourquoi ne m'as-tu point interrogée, pourquoi n'as-tu pas deviné toute la splendeur et toute la mélancolie de mon destin ? Pourquoi, toi qui devrais communier en l'âme obscure des choses silencieuses, pourquoi as-tu insulté à la grandeur de mon exil ?

« Et cependant, c'est à toi que j'ai voulu conter mes peines et mes rêves, telle une aïeule très ancienne, le soir, dans la chaumière. Las-

sée d'un centenaire silence, moins éphémère
que vous, humains, de plus durable matière,
avant de redevenir pour jamais muette,
essayerai-je de te dire ce que me chantèrent,
jadis, les flots, amants funèbres dont je fus
insatiable, qui m'enlacèrent et que je brisai,
souriante et immuable, mon rameau d'olivier
à la main, fendant l'onde claire et molle ou
apaisant la révolte terrible des lames ?

« Après que la main — desséchée maintenant dans la poussière du tombeau — d'un
artiste oublié m'eut ciselée dans le tronc brut
d'un géant du nord, m'eut revêtue de robes
candides et eut couronné d'or mon front haut
et songeur, fixée à la proue d'une frégate
altière dont je fus l'âme et le génie, je me
lançai, aventureuse, dans les flots bleus de la
Méditerranée natale... Impassible et de vie
insoupçonnée, j'assistai aux combats tumultueux et, tandis que, sur le pont de ma frégate,
des hommes combattaient et mouraient,
j'interrogeais de mon œil impassible et blanc
l'immensité sereine ou agitée.

« Je vis des soleils de feu descendre au-dessus
des rouges déserts d'Afrique... Je vis des lunes
phosphorescentes jeter sur les flots des mil-
liers de pierres précieuses, multicolores et
éphémères..

« J'ai respiré les parfums capiteux et subtils
des ports chaotiques du Levant et vu se lever

de chaudes journées ternes sur les forêts dormantes de l'Inde... J'ai entendu la plainte de la
mer dans les récifs de corail sanglant et la
plainte des filles d'Océanie dont ma frégate
emportait, pour toujours, les amants...

« J'ai entendu maintes fois la grande voix
terrible, le grand colloque du vent jaloux,
grondant la mer révoltée... J'ai subi alors le
choc amoureux et furieux des flots qui voulaient m'engloutir, pour mieux m'étreindre ; j'ai
cru sombrer dans l'abîme amer dont je fis ma
patrie... Mais toujours, souriante, je fus protégée, et, telle Vénus Anadyomène, l'horizon
apaisé vit émerger des flots ma face blanche
et sereine.

« Enfin, quand ma belle frégate aux larges
ailes blanches vint dormir pour des années
interminables dans l'eau immobile des ports
de guerre, quand, telle une belle déchue, elle
replia pour toujours ses ailes d'oiseau, je fus
réduite à contempler, épave vénérable, en une
solitude plus grande, un horizon plus restreint.

« La nostalgie du large me hanta longtemps,
et si mon œil de bois te semble aujourd'hui si
mort, qui sait, n'a-t-il pas pleuré des larmes
inconnues, aux nuits de lune ?

« Qui a songé à la tristesse de la poulaine
toujours vivante, liée à la frégate morte,
comme un naufragé qui s'attacherait au corps

d'un oiseau géant et qui, l'oiseau tombé à la grève et mort, resterait à jamais enchaîné à lui?

« Enfin, un jour, les hommes, qui depuis si longtemps avaient déserté ma haute frégate défunte, l'envahirent à nouveau, insectes démolisseurs, irrespectueux du passé.

« Ce ne fut que craquements et bruits sinistres, car en ma frégate vieillie, une vie latente sommeillait encore, et elle ne voulait pas encore achever de mourir.

« Enfin, séparée brutalement de la pauvre carcasse éventrée, profanée, je tombai dans la poussière immonde et le limon.

« C'est là qu'une main charitable vint me recueillir et m'accorder cet obscur refuge où tu me vois et où je rêve, muette et pensive, revoyant dans mes rêves les horizons immenses d'antan... Vieillie et lasse, je n'aspire plus qu'au repos... Mais j'eusse voulu finir en face du libre horizon des ports, pour voir encore jouer et ondoyer les flots, mes amants de jadis... Les ténèbres et l'étroitesse de mon réduit me pèsent et m'étouffent... Oh! revoir encore le large, entendre encore bruire le vent des équinoxes sur la fureur des mers!... Car, bientôt, la hache sacrilège me brisera, et mon âme de sirène s'en ira, insoupçonnée, se dissiper dans les brumes et les souffles de la mer ».

Et des yeux blancs de la poulaine, deux larmes, lourdes et brillantes comme des gemmes marines, se détachèrent et roulèrent lentement sur ses joues usées par les baisers amers des flots.

L'amoureuse centenaire regrettait les sourires et les colères des océans éternels.

FRAGMENTS ET VARIANTES

HAUSER LE TRAVE

.. Un jour, dans un cabaret d'El-Affroun, un homme avec qui il avait lié conversation, lui paya un demi-litre de blanc et lui proposa de l'embaucher comme charretier, puisqu'il savait soigner les bêtes et conduire. — Lui, il avait l'entreprise du camionnage, à Duperré.

Hauser resta songeur. Bien sûr, on crevait la faim et c'était pas une vie. Mais aussi, Duperré, c'était trop près d'Orléansville. Si on allait le reconnaître.

Il hésita longtemps. Puis, tout à coup, un orgueil lui vint : est-ce qu'il était aussi bête que les autres, là-bas ? Est-ce qu'il ne saurait pas se cacher, *se masquer*, faire voir du bleu à tout le monde ? Et il accepta...

*
.

Après deux ans, bronzé et barbu, le charretier Godard se souvenait lui-même à peine de Hauser le *Trave*, dit « Pied-de-bœuf ».

Qui pouvait le reconnaître ?

Un soir d'élection municipales, comme on avait beaucoup bu, Hauser, quoique ne pouvant naturellement pas voter, s'était mêlé aux groupes, dans les cafés. Et, vers 9 heures, une dispute éclata. On parlait du maire réélu.

— Quand je vous dis que c'est un escroc, un bandit, un usurier...

— Dites pas ça, que je vous lève la peau !

On était soûl, on se battit, et Hauser, avec un entêtement stupide à se mêler à ces choses qui ne le regardaient pas, fut le plus violent... Quand le garde-champêtre et les gendarmes arrivèrent, il protesta, il insulta la force publique... Puis, tout à coup, quand il fut devant le commissaire de police, il se sentit pris, tout simplement, bien plus bêtement que les autres.

— Vos papiers ?

— Je les ai perdus...

Alors, on l'accabla de questions : où il était né, où il avait fait son service militaire... Il eut encore la présence d'esprit de dire qu'il avait été réformé. Mais le commissaire le coupa tout de suite : où avait-il passé au conseil de revision, et quand ? Alors, tout se brouilla dans la tête de Hauser et il devint muet.

Le commissaire qui feuilletait depuis quelques instants un registre où il y avait de vieux signalements, dit tout à coup à l'agent de service : —Déshabille-moi cet homme-là. Hauser ne comprit pas d'abord... Puis, quand il vit le commissaire sourire, il eut un frisson : ses sacrés tatouages l'avaient vendu, on avait retrouvé son signalement.

Le commissaire lut tout haut : — Hauser, Jean, trente-trois ans, engagé au 1ᵉʳ étranger le..., condamné à 15 ans de travaux publics le..., s'est évadé le 15 mars 19... de l'atelier d'Orléansville, détachement de Bissa, ayant incendié la forêt de ce nom. Allez, frusquez-vous, mon garçon. Faut pas faire de la politique quand on a encore treize ans à tirer aux travaux ! Ça vous apprendra. Allez, oust !

Hauser se redressa. — Ben oui, c'est vrai. Et pis quoi, c'est pas tout le monde qui saurait se barrer comme que j'ai fait, moi. Pas besoin de faire les malins... Si on n'avait pas bu, c'est pas encore vous autres que vous m'auriez chopé...

— Taisez-vous !

— Ta g...!

Et Hauser suivit docilement l'agent qui le mena à la gendarmerie.

CŒUR FAIBLE

Depuis la veille, le vent d'ouest avait soufflé en tempête, roulant à travers la plaine des vagues de poussière fauves. Maintenant le jour finissait et le vent s'était calmé. Seuls quelques petits tourbillons se jouaient encore, isolés, dans le rougeoiement du soir. Au nord, les monts de Figuig se voilaient d'ombre violette.

Vers l'ouest, au delà de la plaine nue, la silhouette rectiligne, puissante, du Djebel Antar se profilait, tout en or, sur la pourpre de l'horizon.

Et Djenan-ed-Dar, essai timide de vie, se tassait là, tout petit, dans la désolation et l'immense stérilité d'alentour.

A gauche, sur la hauteur, la nouvelle redoute, grise, morose, solitaire. Puis, les cônes blancs, rosés par le soleil couchant, des tentes où gîtent les tirailleurs et la légion étrangère... Plus bas, les bâtiments blanchis du cercle des officiers, accaparant la seule tache de verdure,

quelques dattiers échevelés, groupés en une
famille verte tranchant sur le fond rougeâtre du
sol.

A droite, vers l'ouest, la vieille redoute et le
« village », masures basses et frustes en foule
participant de la teinte ocreuse du décor.

Des chevaux, têtes basses, s'en allaient à
l'abreuvoir, et quelques légionnaires, déjà
ivres, tombaient, s'appelant de loin.

Pendant un instant, deux chameaux passèrent
sur le feu de l'horizon, silhouettes noires et
anguleuses.

Müller errait seul, désœuvré derrière les ba-
raquements des mercantis, et l'odeur des alcools
ne l'attirait pas. Sous la grande capote bleue,
son corps maigre se voûtait. Visage mince, aux
yeux caves, très bleus, sous l'auvent de la visière
il eût semblé jeune, sans la lassitude infinie
qu'exprimait son regard.

Parfois, il crispait sa main rude et bronzée
sur la poche de sa capote et y froissait une
lettre ; il goûtait l'amertume de l'heure, quand
tout espoir s'éteignait, avec le jour rouge.

Ses yeux d'homme du nord s'étaient ouverts
sur les prairies grasses et les forêts noyées de
brumes du Palatinat, et sa mémoire nostalgique
évoquait des images d'abondance.

Parce qu'il souffrait, pour la première fois
depuis huit mois qu'il était dans le sud, il venait
d'apercevoir toute l'âpreté sauvage, toute l'irré-

médiable désolation de ce pays, stérile depuis toujours et où aucune vie ne germerait jamais.

Pour la première fois, il percevait le mystère sombre planant sur les étendues vides.

Là-bas, dans les gorges déchiquetées des collines s'avançant en promontoires arides sur la plaine, les nomades en loques fauves, à profils de gerfaut, erraient, dès la tombée de la nuit, rampant, se glissant comme des ombres jusqu'aux sentinelles isolées, puis, d'un coup de fusil qui sonnait, lugubre, dans le silence écrasant, les abattaient.

Plusieurs fois, Müller avait accompagné des camarades tués ainsi au petit cimetière désolé.

Cela l'avait laissé froid et sans peur, lui qu'une autre idée absorbait.

Maintenant, il sentait la menace de la nuit qui tombait et la proximité de la mort qui, dès les premières heures de ténèbres, venait rôder autour d'eux.

Son cœur se serra, dans la détresse immense de sa solitude.

Près de lui, assis à terre au pied d'un mur en *toub* lézardé, un tirailleur et un légionnaire causaient en français.

Le tirailleur, qui revenait du sud, disait, avec son accent rauque :

— J'ai passé devant le champ d'El-Moungar, tu sais bien, où ils se sont battus le mois dernier. Eh bien, les cadavres des Arabes, ils y sont encore, couchés tout nus, sur les pierres... Il y en a qu'ils ont encore de la *viande* après leurs os, et les autres, ils sont tout blancs, comme les carcasses des chameaux qu'on trouve sur la route. Dans le jour, les aigles ils se posent sur les pierres, et ils claquent du bec quand on passe. Et la nuit, c'est les chacals et les hyènes qu'elles hurlent... Va, c'est pas encore fini, pour les bêtes, de manger des hommes morts, dans ce pays.

Et Müller, silencieux, évoquait le lieu funèbre et les bêtes mangeuses de morts fouillant la sanie, entre les os blanchissants.

Et ce pays lui fit horreur.

Il se rappela qu'il en avait encore pour quatre ans, à la Légion, et qu'il les ferait peut-être dans le sud. Alors une rage lui vint contre lui-même...

Puis, tout à coup, avec un sursaut douloureux de tout son être, sa main se crispa de nouveau sur la lettre, dans la poche de sa capote.

Après cela, n'était-ce pas fini, irrémédiablement fini? A la Légion, dans ce pays de mort ou ailleurs, n'était-ce pas égal, à présent que sa vie était détruite et qu'il ne lui restait plus rien à attendre?

C'était son père, un riche industriel de Berlin, qui l'avait écrite, cette lettre.

Enfant naturel, né d'une longue liaison entre l'industriel et une pauvre institutrice, Marie Müller, le jeune homme avait, toute son enfance durant, eu sous les yeux la honte et les remords de sa mère. Par une maladresse de l'institutrice, l'enfant avait été placé, aux frais de son père, dans une école fréquentée par de petits bourgeois qui l'avaient accablé de leurs sarcasmes et de leur dédain. Avec une volonté forte et un tempérament de lutteur, Müller fût devenu un révolté. Faible et doux, Müller se pénétra, peu à peu, de la conviction douloureuse jusqu'au désespoir qu'il était un paria, un *exclu* de la société.

Devenu répétiteur dans l'école où il avait fait ses études, il continua de souffrir. Sa sensibilité exaspérée lui faisait croire à du mépris ou tout au moins à une condescendance insultante de la part des élèves eux-mêmes.

Alors, comme sa mère était morte, il entreprit de se faire reconnaître par son père, pour avoir un nom, pour dissiper enfin le cauchemar où il vivait depuis qu'il pensait.

Comme l'industriel refusait, Müller crut le toucher en commettant un acte de désespoir: il s'enfuit, quitta l'Allemagne et vint s'engager à la Légion.

De Saïda, il écrivit plusieurs lettres à son père, le suppliant de lui accorder la réparation qui changerait tout le cours de sa vie, qui le ferait entrer dans la société, la tête haute : après cinq ans, il retournerait au pays, avec un nom honoré, et il pourrait vivre, oubliant toutes ses souffrances passées.

Pendant des mois, Müller s'était grisé de cet espoir, soldat exemplaire, plein d'entrain et de courage, dans la monotonie du métier.

La réponse tant attendue était enfin arrivée. Avec quelle angoisse délirante il avait déchiré l'enveloppe !

Et voilà que tout s'était brusquement écroulé : c'était un refus, définitif, inexorable. On lui défendait même d'écrire d'autres lettres...

Que faire, maintenant ? A quoi bon travailler, puisqu'il n'y avait plus rien à attendre, puisque le retour au pays était désormais inutile ?

C'était un pacte signé avec la Légion, pour les années de jeunesse qui lui restaient, un pacte avec cette terre d'Afrique âpre et menaçante qu'il ne comprenait pas, qui l'effrayait.

*
* *

La nuit sans lune était obscure, et le désert dormait dans la lueur indécise des grandes étoiles.

Un silence absolu pesait sur le hameau et sur la plaine et, au loin, les montagnes s'estompaient dans l'ombre.

Müller, son fusil sur l'épaule, marchait, par habitude, le long de la muraille.

Il songeait.

Depuis qu'il n'espérait plus, il avait conscience de toute la monotonie et de l'inutilité de son métier de mercenaire. Pourtant il rejetait avec horreur l'idée de rentrer dans la vie civile. Il lui semblait que c'était se replonger dans la honte et la constante humiliation des années écoulées...

Et, peu à peu, Müller sentit le vide se faire en lui et autour de lui.

Il perçut que tout lui était devenu égal, qu'il ne désirait plus rien.

Seul un immense besoin d'oubli et de repos lui restait.

Dans l'ombre et le silence, ce besoin s'exalta dès lors.

Et une idée lui vint, très simple, très claire : puisque sa vie était gâchée, puisque, dès les premiers pas, ils s'était senti écrasé, puisque les hommes le reniaient, à quoi bon s'obstiner ?

Mourir. Il répéta le mot, tout bas, et il lui fut d'une infinie douceur.

Il s'arrêta, s'appuyant contre le mur. Un grand calme s'était fait en lui. Il ne s'attendrit pas sur lui-même, très simple et très sincère, comme il avait toujours été, dans sa détresse et dans son fol espoir des derniers mois.

Cela valait mieux ainsi. Il devait faire cela.

Tout doucement, il posa la crosse de son fusil à terre, le canon contre sa poitrine. Puis, calmement, soigneusement, il chercha, de la pointe de sa baïonnette, la détente.

Le coup résonna, sec, froid, sans écho, dans le désert vide.

Müller, lentement, glissa le long du mur, s'affaissant.

*
* *

Le jour se levait. Tournant le dos aux quelques petites tombes perdues dans le sable rose, les légionnaires rentraient à la redoute, rapportant le brancard des morts.

Sérieux, leurs visages bronzés et maigres, coupés de moustaches blondes, célaient toutes les tristesses cachées, toutes les tares et tous les deuils qui les avaient amenés là et qu'avait évoqués la mort du petit Müller.

Le groupe silencieux des mercenaires en tenue sombre s'éloigna dans la gloire dorée du matin, tournant le coin des remparts lépreux, et le jour limpide d'automne acheva de se lever sur le désert pierreux et sur le tertre rouge qui marquait la place du légionnaire.

LE MIROIR

Le mokhazni Mohammed, de la tribu des Derraga-Cheraga de Géryville, est un grand bédouin souple et fort, aux larges épaules, avec des muscles saillants se dessinant vigoureusement sous la peau bronzée du cou et de la poitrine. Son visage est parfait de beauté mâle, aux traits secs, fermes, virilisés encore par la barbe noire et les épais sourcils arqués ombrant les yeux roux bien fendus et allongés.

Il porte avec une grâce négligente une chemise et une gandoura blanches, toujours ouvertes sur la gorge et la poitrine, le long burnous bleu du makhzen et le voile blanc retenu sur le front par des cordelettes fauves enroulées à la diable. D'instinct, sans les chercher, il trouve des attitudes nobles, et, sous sa tenue de pauvre mercenaire du Sud, il a aussi grand air qu'un caïd ou qu'un agha.

Rieur, avec une gaîté audacieuse, une insouciance superbe et des colères terribles qui passent très vite, Mohammed est le boute-en-train et le « goual », le chanteur de mélopées du détachement.

Il est surtout très fier de son adresse à cheval, et, dès qu'il voit devant lui l'espace large et libre d'une plaine, ses yeux s'allument et ses narines fines frémissent, tandis que sa main longue et sèche, qu'aucun travail grossier n'a déformée, tourmente la bride. Pourtant, au repos, Mohammed est très grave, silencieux, et ne sourit pas.

Un jour calme d'hiver, dans l'ennui et l'inaction du Ramadhan, j'errais sur la dune basse dominant la vallée pierreuse. Je vis Mohammed assis, le dos contre le mur croulant du vieux bureau arabe. Je m'arrêtai pour ne pas être remarquée, car le mokhazni était occupé à quelque chose de très insolite.

Il avait tiré de sa poche un miroir d'un sou, une petite glace ronde à monture d'étain, et il se contemplait attentivement, sérieusement. Cela dura longtemps ainsi comme si le bédouin était fasciné par sa propre image. Et cette coquetterie subite cadrait étrangement mal avec la beauté mâle et le grand air sérieux du soldat.

A quoi pensait-il, en se regardant dans son miroir d'écolier ? Que pouvait éprouver son âme fruste, née dans les solitudes vastes, dans la plus rude et la plus primitive des vies, celle des chameliers nomades ?

Mohammed finit par serrer son miroir, puis il croisa les bras, s'étira, et sourit.

LA FOGGARA

Après quelques mois passés à Saïda, où il avait fait son école de soldat, Weiss avait été versé dans une compagnie qui partait pour le Sud-Oranais.

On se battait là-bas, c'était la guerre, la vie de camps, tout l'imprévu de ce pays lointain qui l'attirait, et Weiss était parti, joyeux.

Pourtant, dans les masures grises de la redoute de Béni-Ounif où sa compagnie s'était immobilisée pour des mois, dans ce décor dont il n'avait d'abord perçu que l'immense désolation, Weiss, l'enfant des prairies vertes et des bois de l'Alsace, s'était senti dépaysé, oppressé.

Les premiers temps, ç'avait été une sorte de cauchemar lourd, et il avait cru à une désillusion.

Il s'était même laissé entraîner par les camarades à de longues beuveries dans les salles tumultueuses des « cantines », au village.

Sous une gaîté d'emprunt, il cherchait à oublier son morne ennui et passait ses soirées au « Retour de Béchar », à « l'Etoile du Sud », à la « Mère du Soldat », avec des tablées de légionnaires ivres...

Puis, un immense dégoût l'avait isolé. Il préférait errer, seul, dans le bled désert.

Peu à peu, il avait discerné la splendeur des horizons de feu, les caprices sans cesse changeants de la lumière sur le sol pierreux et rougeâtre, sur les montagnes arides.

Il avait senti l'ineffable silence, la paix mélancolique et profonde de cette terre immuable, et cela lui avait suffi.

Weiss aimait maintenant ce Sud-Oranais où il avait tant souffert, aux premiers jours de dépaysement et de détresse...

Le légionnaire suivit le lit de l'oued desséché, contournant les murailles caduques du ksar.

Des lueurs roses glissaient entre les troncs fuselés des dattiers, magnifiant les vieilles ruines en terre, accumulées en un désordre charmant.

Dans un bas-fond ombreux, sous les frondaisons bleuâtres, s'ouvrait une *foggara*, une de ces étranges fontaines souterraines des ksour du sud-ouest. On y descendait par quelques hautes marches en *toub*. En bas, c'était un ruisseau clair sortant du sol spongieux et qui, serti de fougères graciles, se perdait dans l'ombre éternelle et le mystère d'une galerie étroite.

Weiss s'assit sur une roche éboulée et ralluma sa vieille pipe d'écume.

Il était calme. Cette sérénité des choses, dans la gloire du jour finissant, suffisait à son bonheur.

Une silhouette de femme surgit, furtive, de l'ombre de la *foggara*. Grande, svelte, superbement drapée dans ses haillons bleus, elle montait, courbée sous le poids d'une peau de bouc ruisselante.

Elle n'avait pas aperçu Weiss et, pendant un instant, il put contempler son visage presque enfantin encore, d'un ovale parfait. De longs yeux roux éclairaient sa carnation bronzée et le pli voluptueux de ses lèvres adoucissait ce que ce masque obscur eût pu avoir de trop farouche.

Mais elle vit le *roumi* et, avec un sursaut de frayeur, ramena vivement son voile, cachant ses traits. Elle s'enfuit presque.

Weiss, que sa culture antérieure avait élevé au-dessus de tous les barbares préjugés de race, recherchait la société des indigènes. Leur simplicité grave, leur sociabilité rapidement affectueuse, lui plaisaient, et il aimait passer les veillées d'été, à demi couché sur les nattes des cafés maures, s'essayant à parler arabe, en écoutant les longues mélopées traînantes et mélancoliques des nomades. Ses camarades préférés étaient des tirailleurs, des spahis ou des *mokhazni*, cavaliers irréguliers au service du bureau arabe.

Pour ramener la jeune femme, Weiss lui cria doucement, dans son arabe imparfait :

— N'aie pas peur, ma sœur, je ne te ferai pas de mal.

Mais elle ne se retourna pas.

Les jours suivants, Weiss retourna à la *foggara*, évitant, discret, d'effrayer par trop d'insistance la bédouine qui se voilait à son approche.

Dans sa grande solitude, le légionnaire se grisa bientôt de cette idylle à peine ébauchée.

Un soir, les attaches en fibres de palmier de la peau de bouc cassèrent et elle tomba.

La bédouine essayait vainement de couper les nœuds, avec une pierre tranchante, pour réparer son outre.

En silence, sans qu'elle s'en défendît, Weiss l'aida. Debout, voilée, elle attendit sans un mot que le soldat eût fini. Quand il souleva l'outre, elle tendit les épaules, reprit son lourd fardeau, et partit, avec ce seul mot de gratitude : *sahha* ! (merci).

Le lendemain, il la salua, et elle lui répondit, se découvrant un peu le visage qu'éclaira un demi-sourire discret.

Peu à peu, elle s'accoutuma à retrouver, tous les soirs, près de la *foggara* le soldat roumi, si jeune et si doux, avec son visage régulier et pâle sous le hâle et ses grands yeux gris, qui ne l'effrayaient plus.

Ils se parlèrent.

Elle s'appelait Emmbarka la (bénie) et était mariée à un mokhazni qu'on avait envoyé en détachement à Ben-Zireg, dans le sud-ouest.

Elle gardait la tente, au douar du makhzen, seule avec sa vieille mère.

Weiss lui dit qu'il aimait les musulmans, qu'il en faisait sa société, de préférence aux Européens, et qu'il ne leur voulait pas de mal.

Emmbarka lui conta les tristesses de sa dure vie errante.

Elle était des *Amour*, une tribu nomade du cercle d'Aïn-Sefra et, quand son mari s'était engagé au makhzen de Djenan ed-Dar, elle avait dû le suivre, dans le dénûment et l'insécurité des camps, en *plein pays de poudre*, sillonné de *djiouch* pillards.

Il y avait à peine quelques mois qu'on l'avait mariée et, depuis lors, elle avait à peine vu Abdelkader ould Hamza, son mari, un tout jeune mokhazni que la guerre lui prenait sans cesse. Elle le connaissait à peine et ne pouvait l'aimer...

*
* *

Les jours s'écoulaient, monotones et berceurs.

Weiss attendait avec impatience les quelques heures de liberté du soir, et l'entrevue furtive de l'Amourienne, dans l'ombre fraîche de la palmeraie.

Il aimait Emmbarka et la désirait avec toute l'ardeur de sa jeunesse. Les débauches obligées de la vie d'étudiant l'avaient à peine effleuré. Puis, très vite, il avait été jeté là, dans la dure et complète abstinence, pour des mois.

Pour lui, cette femme, en harmonie parfaite avec ce décor saharien qu'il aimait, était presque une vision irréelle, une sorte d'incarnation de ce charme puissant du désert qui l'avait pris à jamais...

.   .   .   .

TABLE

Préface 5

Obscurité

Le Mage. 27
Le Moghrebin. 31
La main 35
L'écriture de sable. 39
L'Enlumineur sacré. 44
Le Magicien. 48
Le Meddah. 55
La Derouicha. 67
Le Taleb. 75
Le Marabout. 81

Femmes

Le portrait de l'Ouled-Naïl. 91
Fiancée 98
Taalith. 107
Pleurs d'amandiers. 113

Nomades

Campement. 121
Mériéma. 130

Fellah

Veillée de Ramadhan. 135
Fellah. 139
Veste bleue. 164

En marge

Cheminot. 175
Criminel. 181
Hauser le Trave. 191
Prisonniers sur la route 199
Ilotes du Sud. 209
Les Enjôlés. 207
Dans le sentier de Dieu. 212

Au village

L'arrivée du colon 223
Exploits indigènes 230

Dans la Légion

Le Russe. 239
Cœur faible. 260

Frères de rencontre

L'ami. 269
M'tourni. 283

Partir

La Rivale. 295

Divagations

Notes au crayon. 303
Cérès. 310

Fragments et variantes

Hauser le Trave. 319
Cœur faible. 322
Le Miroir. 330
La Foggara. 332